# JINGQU KELIU

# 景区客流

## 安全管理与应急调控

张公鹏◎著

中国旅游出版社

# 前言

党的十九大报告指出，我国社会的主要矛盾已经转化为人民日益增长的美好生活需要和不平衡不充分发展之间的矛盾。对于旅游行业，旅游是人民追求美好生活需要的重要组成部分。2018 年国内旅游人数为 55.39 亿人次，年内人均出游约 4 次，我国已经进入大众旅游时代。旅游发展不充分不平衡，主要体现在优质的旅游资源供给有待加强，特别是在长短节假日，旅游资源相对匮乏更是明显，国内优质景区经常游客爆满，出现“井喷”现象，并时有旅游安全事故发生。这样的现实情况无法满足人们越来越高的旅游体验需求。

旅游景区游客高峰时段的客流安全管理已是旅游行业发展的重要命题和关键任务所在。旅游安全是旅游者最基本、最重要的权利，也是旅游业持续健康发展的基本保障。而景区又是旅游消费的吸引中心，所以时有发生的景区游客安全问题，引起了社会各界的高度重视。为此，国家出台了很多政策加强景区管理，以提升景区内游客的旅游安全体验。但受限于优质景区资源供给不足和景区部分设施建设滞后等综合因素的影响，游客高峰时段的景区或景区局部依然出现爆满、拥挤的场面，严重影响着景区的对外形象和游客的人身安全。

在这样的背景下，景区是否可以开展有针对性、科学性、系统性的客流调控管理，在景区游客高峰时段就显得尤为重要。为此，我和团队自 2015 年开始对游客高峰时段的景区客流安全管理与应急调控问题进行了研究。

本书通过系统化的视角审视景区的客流安全管理，并基于改进的多 Agent 和元胞自动机混合模型，开展景区客流应急疏散仿真系统研究，探索建设景区游客高峰时段有针对性、科学性、系统性的应急调控决策。主要包括以下几个方面的内容：

第一个内容是景区客流安全管理的理论构建。首先，用系统的视角分析了景区系统及其组成：景区是由旅游者、核心吸引物、景区设施和景区管理者四个要素组成的功能系统。随后，结合公共安全理论，分析了景区客流安全管理的工作基础和内涵：对于承灾体，主要是分析游客和景区设施；对于突发事件，主要是分析不同类型景区及其可能发生突发事件类型、成因、特点和影响；对于应急管理，主要是分析景区的应急管理体系框架和内容，提出景区应该建设全方位、立体化、高融合的应急管理体系。最后，对应急管理体系中的客流应急调控预案进行重点研究。针对景区游客高峰时段的非常规突发事件，提出要开展"情景—应对"管理模式，通过计算机仿真技术，建设不同情景下的客流应急调控决策。

第二个内容是景区客流应急疏散仿真系统研究。根据景区特点和景区旅游高峰时期客流疏散的现实需求，建立客流应急疏散仿真系统。该系统选用基于改进后的元胞自动机（CAM）和多 Agent 系统（MAS）的混合模型作为仿真模型，采用改进的涟漪扩散算法（RSA）作为多客流疏散到多个避难场所的核心算法，并对改进的元胞自动机模型和涟漪扩散算法进行了功能测试。

第三个内容是景区客流应急调控与决策支持研究。根据研究的科学问题，构建基于仿真的客流调控决策支持系统。重点对"情景—应对"模式下的客流应急调控进行分析，提出面向景区非常规突发事件下的"点—阵"式方案库，并将其与"预测—应对"模式下的限流分流等调控措施相融合，形成景区客流应急调控系统化的决策支持。最后，以颐和园"玉澜堂"为事故点，在特定火灾情景下的客流应急调控进行实证研究，并基于 Matlab 软件实现该过程的客流调控决策支持。

本书是在笔者博士学位论文和与团队一起发表的学术论文基础上撰写的，编写过程中参考了国内外相关书籍和文献，并摘选案例或材料阐释部分章节的主要问题，在此向所有引文作者表示诚挚的谢意。同时要感谢研究团队长期的坚持和努力，在旅游安全与应急管理、客流仿真与建模方向上的不断探索；感谢在求学、工作和研究过程中一直全力支持的黄先开教授；感谢对研究团队进行耐心指导的宁云才教授、胡小兵教授、IpKin Anthony Wong 教授和英国莱斯特大学的 Hongji Yang 教授；感谢一路前行的张驰博士、郝志成高级工程师、张璐博士、廖斌博士和黎嬛博士；感谢博士研究生张盈斐、张明空和中国旅游出版社郭海燕编辑所做的工作。最后感谢我的家人，有了你们的温暖和支持，我才能顺利完成此书。

由于作者水平所限，书中尚有不足与疏漏之处，恳请专家、读者批评指正。

本书的研究与出版受2021年度国家文化和旅游科技创新工程项目“基于多模态数据挖掘的景区客流调控决策支持系统研究与应用”和北京市旅游信息化协同创新中心共同资助。

张公鹏

2022年4月于北京

# 目录

# 第一章　绪论

党的十九大报告指出，我国社会的主要矛盾已经转化为人民日益增长的美好生活需要和不平衡不充分发展之间的矛盾。对于旅游行业而言，旅游是人民追求美好生活需要的重要组成部分，我国已经进入大众旅游时代。旅游发展不充分不平衡，主要体现在优质的旅游资源供给有待加强，旅游体验有待提高。特别是在国家法定节假日，旅游资源相对匮乏更是明显，国内优质景区经常游客爆满，出现“井喷”现象，并时有旅游安全事故发生，可以说，旅游景区游客高峰时段的客流安全管理研究已是旅游行业发展的重要命题和关键任务所在。

## 第一节　研究背景

### 一、现代旅游产业发展迅速

现代的旅游产业产生于19世纪中叶，而在第二次世界大战以后，旅游产业由于获得比较稳定的发展环境，得到了前所未有的发展。特别是近30年，在世界经济贸易大发展、带薪假日制度推行和交通、住宿条件改善的背景下，旅游业成为一个蓬勃发展的新兴产业。世界旅游组织（WTO）提供的资料表明，自20世纪90年代开始，国际旅游产业的收入在世界出口收入中所占比重达到8%以上，成为超过石油工业、汽车工业的世界第一大产业。

我国旅游业起步较晚，但发展势头迅猛。改革开放初期，我国还是旅游短缺型国家，目前已经实现了成为旅游大国的历史性跨越。1978 年至 1991 年，中国现代旅游业从无到有，初步形成创汇为主的经济产业特征；1992 年至 1997 年，国内旅游业形成以政府为主导的特色发展模式，重点推进国内旅游、入境旅游和出境旅游三大旅游市场的培育，旅游产业得到加快成长；1998 年至 2008 年，旅游业由经济增长点向新兴产业、国民经济重要产业转型，基本形成了比较完整的产业体系；2009 年以来，旅游业由国民经济重要产业向战略性支柱产业转型。国务院在《关于加快发展旅游业的意见》（国发〔2009〕41 号）中明确提出要“把旅游业培育成国民经济的战略性支柱产业和人民群众更加满意的现代服务业”。至此，旅游业纳入国家战略体系，成为我国快速发展的新兴战略性支柱产业。

目前，在全面建成小康社会和持续推进城乡居民收入稳步增长的背景下，旅游已经成为人民群众日常生活的重要组成部分。世界旅行与旅游理事会（WTTC）发布的《世界国内旅游经济影响力报告》显示，中国是全球国内旅游产业发展最快的国家，2017 年，中国国内旅游消费达到 8409 亿美元，已由 2008 年的第四位上升至第一位，已经成为世界上最大的国内旅游市场。近年来国内游客数量呈现持续高位增长（如图 1.1 所示），2018 年国内旅游人数为 55.39 亿人次[①]，年内人均出游约 4 次，我国已经进入了大众旅游时代。

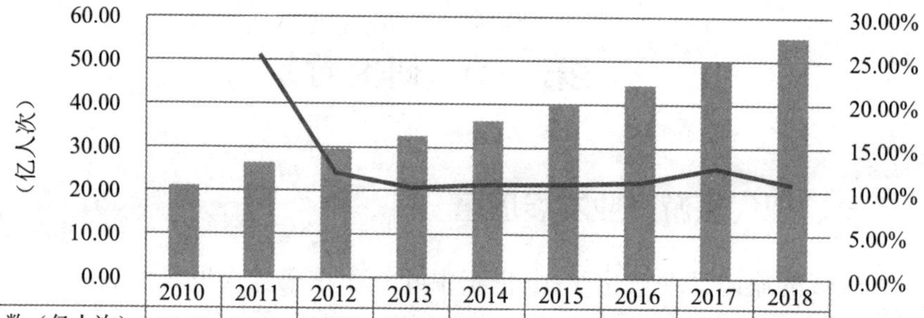


| | 2010 | 2011 | 2012 | 2013 | 2014 | 2015 | 2016 | 2017 | 2018 |
|---|---|---|---|---|---|---|---|---|---|
| 人数（亿人次） | 21.03 | 26.41 | 29.57 | 32.62 | 36.11 | 40.00 | 44.40 | 50.01 | 55.39 |
| 增长率 | | 25.58% | 11.97% | 10.31% | 10.70% | 10.77% | 11.00% | 12.64% | 10.76% |

**图 1.1　2010 年至 2018 年中国国内旅游人次及增长率**

资料来源：国家统计局《中国统计年鉴》

① 国家统计局 . 中国统计年鉴［R］.2018.

旅游产业对国家的经济、文化和社会发展有着积极促进作用。首先，旅游业有利于促进我国国民经济的健康发展。旅游业的关联性、依托性、带动性非常突出，能促进第三产业内部结构的调整，还能加快第一、第二和第三产业之间的结构调整。再者，旅游业能促进人民群众文化生活水平的提升。旅游是综合性的体验活动，人民群众是旅游活动的参与者，更是旅游业的直接和间接受益者。旅游的过程不但在一定程度上满足了人民群众日益增长的文化需要，而且对于促进国民文化素质的提升也有积极作用。同时，旅游业还促进了人们互相交流，是展示国家和地区形象的重要载体和渠道。所以，发展旅游业能在一定程度上提升国家和地区的“软实力”。

## 二、我国旅游景区的安全问题突出

我国是世界上旅游资源丰富的国家之一，资源种类繁多，类型多样。作为旅游产业链中的中心环节、旅游产业面的辐射中心、旅游业核心要素的旅游景区，是旅游产品的主要成分，是旅游消费的吸引中心，所以一直备受政府、市场和旅游者关注。截至 2018 年年底，我国共有 A 级景区 11924 个，其中代表着国家级优质旅游资源的 4A 级以上旅游景区 3293 家。而代表着我国世界级精品的 259 家 5A 旅游景区，更是景区的中流砥柱，也是游客游览的主要目的地。

旅游安全是旅游者最基本、最重要的权利，也是旅游业持续健康发展的基本保障。但近年来，景区旅游安全问题却非常突出，如：2014 年 12 月 31 日的上海外滩踩踏事件①（见本章案例资料）和 2020 年 10 月 1 日的太原市台骀山景区火灾事件②等，均使游客的人身财产受到严重损害，在社会上产生很大的影响。据不完全统计，国内 2018 年旅游景区共发生安全事件 188 起，分布在 26 个省（自治区、直辖市），死亡人数为 91 人③。由于旅游景区的安全直接关系到旅游者的人身财产利益，是旅游活动正常开展的前提，所以，景

① 中国新闻网. 习近平对上海外滩踩踏事件作出指示［EB/OL］. https：//news.ifeng.com/a/20150101/ 42843878_0.shtml.

② 山西省应急管理厅. 山西省公布太原台骀山游乐园冰雕馆“10・1”重大火灾事故调查报告［EB/OL］. https：//3w.huanqiu.com/a/bb80e3/44nBfcBtfmu?p=1&agt=4.

③ 郑向敏，谢朝武. 2018 ~ 2019 年中国旅游安全形势分析与展望［R］.2019.

区旅游安全引起了社会各界的高度重视。

分析景区旅游安全事件频发的原因，我们发现除了因自然和社会环境而造成的突发安全事件以外，更多是与游客或管理者相关的管理因素。一方面是旅游人口逐年递增与景区基础设施建设发展滞后之间矛盾的体现。我国景区接待人数持续增长，2018 年全年景区接待总人数已达 60.24 亿人次①。但由于景区建设的市场化参与程度较低，整体上景区的旅游配套基础设施建设还相对发展滞后，给景区的管理制造了很多压力。另一方面是国内景区游客高峰时段的形成，即在比较短的时间内旅游目的地集中了大量的旅游客流②，给景区管理带来了更多不利因素。1999 年 9 月国家颁布《全国年节及纪念日放假办法》，规定了春节、“十一”“五一” 等长假的法定调休制度，国民的旅游需求和消费冲动瞬间爆发，从此拉开了假日经济中景区游客高峰时段的序幕。例如，2018 年国庆节全国共接待国内游客 7.26 亿人次③，短短的 7 日内，游客量约占全年国内旅游人次 13.11%。大量游客节假日的集中出行，导致景区内，特别是资源禀赋极为稀缺的 5A 景区，经常游客爆满，出现“井喷”现象，严重影响了景区的对外形象和游客的人身安全。这些现象既反映出我国民众对旅游度假的盲目消费，也表明我国的旅游管理还处于粗放阶段。

为此，国家出台了很多政策加强景区管理，以提升景区内游客的游览安全体验。2013 年 10 月，国家正式施行《中华人民共和国旅游法》，对景区的最大承载量做出了明确约束；2014 年 8 月，国务院公布《关于促进旅游业改革发展的若干意见》，要求建立景区门票预约制度，对景区内的游客进行最大承载量控制；2015 年 4 月，国家旅游局出台实施《景区最大承载量核定导则》，给出了指导和规范景区最大承载量核定工作的国家标准，并要求各大景区核算出游客最大承载量，制定游客流量控制预案；2019 年 8 月，国务院办公厅印发《关于进一步激发文化和旅游消费潜力的意见》，在推动旅游景区提

① 中华人民共和国文化和旅游部 . 2018 年文化和旅游发展统计公报［R］.2018.

② 陈云川，邱萍，何文俊，等. 景区游客高峰时段管理理论与实践［M］. 北京：中国旅游出版社，2018.

③ 新华社. 国庆假期全国共接待国内游客 7.26亿人次［EB/OL］. http：//www.gov.cn/xinwen/ 2018-10/08/content_5328493.htm#1.

质扩容表述中，强调要保障景区的游览安全，通过加强建设智慧景区，对客流进行科学引导；严格限制景区的最高日接待人数，提出在未来三年内，5A级国有景区要全面实行门票预约制度。

但由于受优质景区资源的供给不足和景区软硬件设施的建设滞后等综合因素的长期影响，游客高峰时段的景区旅游安全体验并未得到明显改善。此外，一些景区为追求利益最大化，还不能彻底执行相关政策以限制游客进入景区。通过实践发现，即使景区最大承载量和景区门票预约等制度完全严格执行，景区内的游客密度会在整体上适宜游览，但对于景区内的热门景点，其周边客流人数仍会远超瞬时最大承载量，出现景区局部饱和与超载现象。诸多因素导致节假日期间景区依然出现爆满、拥挤的场面，存在巨大的安全隐患。

## 第二节　研究问题与研究对象

### 一、研究问题

在这样的背景下，景区游客高峰时段的客流安全管理与应急调控研究就显得尤其重要。目前，景区游客高峰时段的客流调控手段，主要是建立游客流量控制联动系统，通过门票预约、实时监测、疏导分流等方式对景区旅游客流进行控制[①]，这些措施是建立在景区管理经验基础上的客流调控，对现实的景区应急管理发挥着重要作用。但是，对于景区内部客流超载的景点，特别是叠加非常规突发事件后，大量游客的应急调控管理或者说安全疏散问题，仍缺乏有针对性的研究，更缺乏科学性、系统性的调控决策方案。

针对上述景区应急管理中的现实状况，我们不得不思考以下两个方面的问题：一方面，对于景区游客高峰时段的客流安全管理，其应急管理系统还有哪些方面需要进一步完善？另一方面，面对非常规突发事件中的客流，景区如何建立有针对性、科学性、系统性的应急调控决策？

① LB/T 034-2014，景区最大承载量核定导则［S］.

文献研究发现，旅游应急管理侧重于旅游产业和应急管理机制的融合发展研究，对景区游客高峰时段的应急管理研究并不多，更缺少针对面向景区非常规突发事件的应急管理研究。而且在有限的景区应急管理研究中，景区客流的应急调控预案越来越受到重视，是研究的重点和难点。

鉴于此，本书的科学问题是面向景区游客高峰时段的客流安全，如何开展应急调控工作。

## 二、研究对象

面向景区游客高峰时段的客流，景区应急调控的核心问题是：在景区的游客高峰时段，特别是叠加非常规突发事件后，如何在有限的景区路网通行能力限制下，将游客从不同的人流密集事故点快速、安全地疏散到避难场所，最终形成景区系统化的决策方案。该问题研究的层面和角度十分广泛，且有些内容的边界还比较模糊，现有必要对过程中涉及的研究对象进行描述和界定。

（1）景区的界定。巴黎或东京等旅游城市是不是研究对象？海滨或海滩等是不是研究对象？颐和园和故宫等是不是研究对象？

（2）应急管理阶段和景区游客高峰时段的界定。景区什么时候或什么状态时是应急管理阶段？景区什么时候或什么状态时是客流高峰时段？

（3）旅游景区的突发事件和非常规突发事件如何界定？

（4）客流疏散范围。景区中建筑物内部疏散是不是研究对象？

（5）客流疏散的控制。客流疏散过程中有无通知？游客是否按照调控指令进行疏散？

为便于开展研究，本书结合国家法律、政策文件、文献研究和旅游社会实践，对研究过程中所涉及的主要对象做如下界定：

（1）景区是小尺度的空间概念，并且要有统一的经营管理机构和明确的地域范围。

（2）景区内游客数量达到或超过其核定最大日承载量的 80% 时，景区就进入应急管理阶段，同样，此时也是景区的游客高峰时段①。也就是文中提及的景区应急管理阶段和景区游客高峰时段对于景区管理阶段的描述是一致的，不再加以区分。

（3）景区进入应急管理阶段以后，会启动相应级别的应急预案。客流拥堵是景区内比较常见的突发事件之一；此时叠加灾难性事件或在非应急管理阶段时发生重大灾难性事件，会造成重大人员伤亡，属于景区内的非常规突发事件。

（4）客流疏散是研究在景区路网基础上的景点或固定区域内的客流疏散，本书内容暂不考虑景区建筑物内部的客流疏散。

（5）对客流调控过程中，游客能通过景区广播、电子屏或现场管理人员等途径获得疏散指令，并在疏散过程中遵循指令进行运动。

我们通过对上述内容进行界定，重点研究景区游客高峰时段的客流在景区路网上疏散过程的演化和应急调控决策的效果。

## 第三节　研究内容与研究意义

### 一、研究内容

遵循“文献研究—理论分析—模型构建—实证分析—研究结论”的总体思路，本书在文献归纳和工作实践的基础上确定了研究的科学问题，并根据文献分析结果，将研究问题结构化，确定研究定位；结合景区游客高峰时段的实际情况，建立基于多 Agent 和元胞自动机混合模型的客流疏散仿真系统，开展景区客流应急调控决策支持研究，并以颐和园“玉澜堂”发生火灾事故为案例，分析景区建设系统化的客流应急调控决策过程。

全书的主要内容安排如下：

第一章，绪论。从现代旅游业迅速发展和我国景区旅游的安全问题突出两个方面阐述了本书的研究背景，提出面向景区高峰时段的客流安全，景区

① LB/T068-2017，景区游客高峰时段应对规范［S］.

如何开展应急调控的科学问题；对研究对象初步界定后，阐述了本书的研究内容与意义；并对本书的研究方法和技术路线进行了说明。

第二章，文献综述与理论基础。基于研究的科学问题，从旅游应急管理和景区旅游流两个方面进行文献梳理和评述，找到本书的研究方向与空间；阐述研究过程中所涉及的相关概念，并从公共安全与应急管理理论、智慧景区理论、景区游览线路优化设计、景区时空分流导航管理理论、系统建模与仿真、决策理论与方法六个方面对本书的理论基础、实践基础和技术方法进行简要论述。

第三章，景区客流安全管理的理论建构。首先，用系统的视角分析了景区系统及其组成：景区是由旅游者、核心吸引物、景区设施和景区管理者四个要素组成的功能系统。随后，结合公共安全理论，分析了景区客流安全管理的工作基础和内涵：对于承灾体，主要是分析游客和景区设施；对于突发事件，主要是分析不同类型景区及其可能发生突发事件类型、成因、特点和影响；对于应急管理，主要是分析景区的应急管理体系框架和内容，提出景区应该建设全方位、立体化、高融合的应急管理体系。最后，对应急管理体系中的客流应急调控预案进行重点研究，针对目前景区内的非常规突发事件，提出要开展“情景—应对”管理模式，通过计算机仿真技术，形成不同情景下的客流应急调控决策。

第四章，景区客流应急疏散仿真系统研究。首先，对人群应急疏散仿真方法进行概述；基于研究的科学问题，选用基于元胞自动机（CAM）和多Agent系统（MAS）的混合模型作为仿真模型；接着，介绍了元胞自动机模型、多Agent系统模型和涟漪扩散算法（RSA），并根据景区和客流疏散的特点与现实需求，对模型和算法进行了改进；随后，介绍了景区客流应急疏散仿真系统的数据准备与收集、系统框架和工作原理，阐明如何通过该仿真系统，获得非常规突发事件情景下的客流应急调控措施；最后，对改进的元胞自动机模型和涟漪扩散算法进行了功能测试。

第五章，景区客流应急调控与决策支持研究。首先，对决策支持的内涵和决策支持系统进行概述；基于研究的科学问题，构建基于仿真的客流调控决策支持系统；接着，对“情景—应对”模式下的客流调控决策进行分析，提出建设面向景区非常规突发事件下的“点—阵”式方案库，并将其与“预测—应对”模式下的限流和分流等调控措施融合，形成景区游客高峰时段客流调控的系统化决策支持；最后，以颐和园“玉澜堂”为事故点，对特定火灾情景下的客流应急调控进行实证研究，并基于 Matlab 软件实现该过程的客流调控决策支持。

第六章，结论与展望。通过回应研究问题，总结本书的主要研究结论，归纳了可能的创新点，并提出未来的研究展望。

## 二、研究意义

针对大量游客集中到访，景区游客高峰时段如何进行客流调控的问题，景区管理者通常是基于景区的实际情况，在国家和地方的法律、政策文件框架下开展应急管理工作，取得了非常突出的实践效果，如智慧景区的建设、景区应急管理系列制度和规范流程的建设等。但在面对突发事件，特别是非常规突发事件的客流应急调控管理上，政策文件并没有给出详细的指导，而且由于景区内客流和突发事件等的特征数据难以获取，客流应急调控与决策的研究又涉及多学科交叉，目前相关问题的研究成果非常少。所以，本书的研究具有如下意义：

（1）在理论研究方面，丰富了景区尺度的旅游管理理论。①对旅游流的研究，国内外的研究成果多集中在全球、洲际、国家之间或旅游目的地之间等比较宏观尺度，对于景区尺度研究明显不足。本书聚焦景区内部尺度的客流，并通过系统的视角审视景区，把景区客观系统解读为由旅游者、核心吸引物、景区设施和景区管理者四个要素组成的功能系统，进行抽象表征。②对景区应急管理的研究，提出了景区应在全方位、立体化的应急管理系统基础上，形成“预测—应对”和“情景—应对”高融合的应急管理模式。由于旅游应急管理相关文献中还鲜有提及面向非常规突发事件的应急管理研究，所以“情景—应对”管理模式及内容对于景区的应急管理来说还是比较新颖的。

（2）在研究方法方面，对于景区客流应急疏散仿真与调控研究，在模型构建和算法上有一定的创新。目前景区客流的应急调控方案，多是以管理实践为基础的经验决策为主，而本书通过可重复、低成本并且不受自然条件和场地约束的计算机仿真技术，构建了面向非常规突发事件的景区客流应急调控与决策支持系统。特别是在客流调控仿真过程中，基于景区系统和客流的特征，对元胞自动机模型和涟漪扩散算法进行改进，相对高效地解决了多源到多目的地最优疏散路径的问题，也就是能够快速规划事故点客流向多个应急避难场所疏散的最优路径问题。

（3）在实践应用方面，探索了景区在游客高峰时段对客流进行科学调控与决策的实践路径。当前在国内的景区游客高峰时段，游客的安全问题频发，严重威胁着游客人身安全。如何科学、高效地应对景区各种突发事件带来的巨大威胁，成为旅游相关机构和科研人员普遍关注的现实问题。本书通过计算机仿真技术，研究了"情景—应对"模式下的客流调控与决策，并提出面向非常规突发事件的"点—阵"式方案库。结合现实中普遍使用的"预测—应对"模式客流调控措施，实现景区游客高峰时段客流应急调控的系统化决策支持。这对提高景区应对各种突发事件的响应能力，提升景区应急管理阶段的管理水平有一定的促进作用。

## 第四节　研究方法与技术路线

### 一、研究方法

本书综合运用文献分析、大数据分析、数学建模、计算机仿真技术和案例分析等方法对景区客流安全管理与应急调控进行了深入分析和实证研究。

（1）文献分析方法。文献分析的目的是将研究问题结构化，找到本书的研究方向与空间，确定研究的定位。围绕旅游应急管理和景区旅游流等主题，借助相关学术搜索工具和文献数据库，本书对国内外相关学术文献进行了整理、论证和研究，并充分辨析了现有研究的结论、发展趋势和存在的差距，从而确定了研究问题和研究基础。通过文献分析还阐述研究过程中所涉及的相关概念，并从公共安全与应急管理理论、智慧景区理论、景区游览线路优化设计、景区时空分流导航管理理论、系统建模与仿真、决策理论与方法六个方面对本书的理论基础、实践基础和技术方法进行简要论述。

（2）大数据分析方法。通过与数据公司合作，获得景区地图、路网数据和景区某一时间段的客流数据。采用大数据分析技术，对景区地图、路网数据进行编码、归类和层次化；对景区游客基础数据进行聚类和关联分析等，得到景区游客画像与行为分布特征，并对其进行可视化分析，为后期的仿真实验做好数据准备。

（3）数学建模方法。对景区内事故点的客流向多个不同方向的应急避难场所疏散的过程，进行数学建模。通过改进的涟漪扩散算法与模型，实现高效解决多源到多目的地最优疏散路径的问题，即快速规划出事故点客流向多个应急避难场所疏散的最优路径，为景区管理者对客流的应急调控提供决策支持。

（4）计算机仿真技术。通过建立基于元胞自动机和多 Agent 系统的混合模型，使用计算机仿真技术来进行离散系统仿真。鉴于景区应急管理阶段的实现需求，对传统的元胞自动机模型进行改进，结合多 Agent 模型，进行客流在景区路网上疏散过程的演化分析。

（5）案例分析法。2018 年 5 月 23 日，颐和园景区万寿山附近起火。通过该火灾事件，设计以颐和园“玉澜堂”为事故点，在特定火灾情景下的客流调控进行实证研究。本书分析了基于计算机客流疏散仿真系统的应急调控与决策支持过程，并通过 Matlab 软件编程，实现该过程的客流调控决策支持。

## 二、技术路线

本书的整体思路是，先对景区游客高峰时段的客流安全管理与应急调控问题进行解析（第三章）→景区客流应急疏散仿真系统研究（第四章）→景区客流应急调控与决策支持研究（第五章），最后以颐和园景区突发火灾事故进行实证研究。本书的技术路线图，如图 1.2 所示。

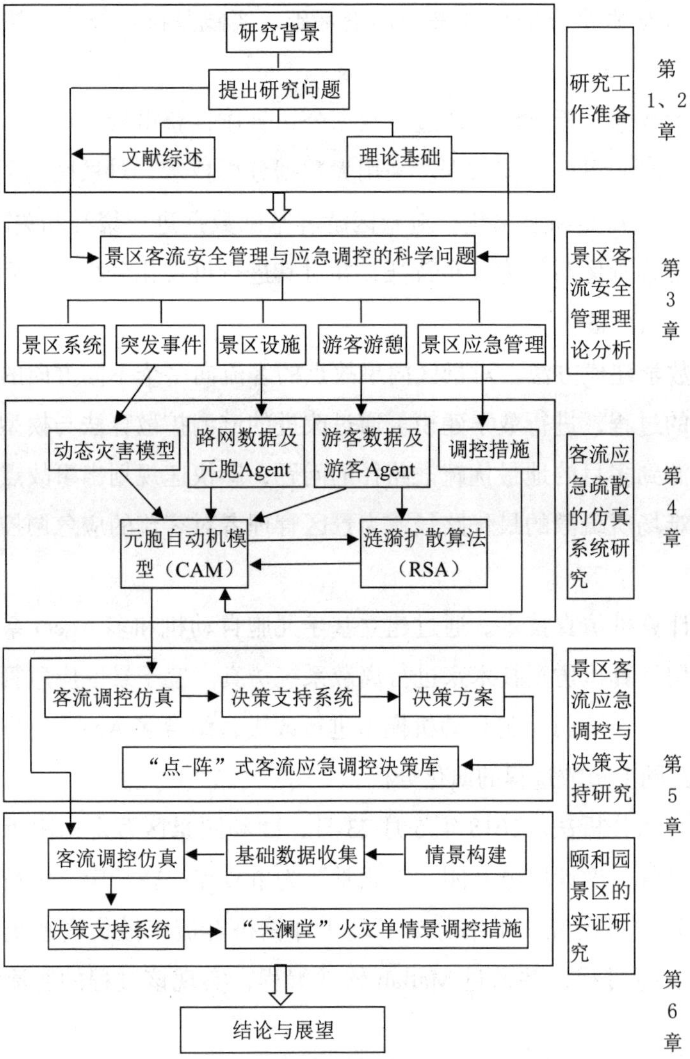


**图 1.2　研究的技术路线图**

## ［案例资料］

### 上海公布“12·31”外滩拥挤踩踏事件调查报告①

新华社上海1月21日电（记者 叶健、朱翃、周琳）21日，上海公布“12·31”外滩拥挤踩踏事件的调查报告，认定这是一起对群众性活动预防准

① 新华社．上海公布“12·31”外滩拥挤踩踏事件调查报告［EB/OL］．http：//www.gov.cn/xinwen/2015-01/21/content_2807484.htm.

备不足、现场管理不力、应对处置不当而引发的拥挤踩踏并造成重大伤亡和严重后果的公共安全责任事件。黄浦区政府和相关部门对这起事件负有不可推卸的责任。

调查报告指出，对事发当晚外滩风景区特别是陈毅广场人员聚集的情况，黄浦区政府和相关部门领导思想麻痹，严重缺乏公共安全风险防范意识，对重点公共场所可能存在的大量人员聚集风险未作评估，预防和应对准备严重缺失，事发当晚预警不力、应对措施不当，是这起事件主要原因。五大原因导致这一事件的发生：

一是对新年倒计时活动变更风险未作评估。大量市民游客认为外滩风景区仍会举办新年倒计时活动，南京路商业街和黄浦江对岸的上海中心、东方明珠等举办的相关活动吸引了部分市民游客专门至此观看。对此，黄浦区政府在新年倒计时活动变更时，未对可能的人员聚集安全风险予以高度重视，没有进行评估，缺乏应有认知，导致判断失误。

二是新年倒计时活动变更信息宣传严重不到位。新年倒计时活动变更后，主办单位应当提前向社会充分告知活动信息。但是，直至12月30日，黄浦区旅游局才对外正式发布了新年倒计时活动信息，对“外滩”与“外滩源”的区别没有特别提醒和广泛宣传，信息公告不及时、不到位、不充分。

三是预防准备严重缺失。黄浦公安分局未按照黄浦区政府常务会议要求，在编制的新年倒计时活动安全保卫工作方案中，仅对外滩源新年倒计时活动进行了安全评估，未对外滩风景区安全风险进行专门评估。黄浦公安分局仅会同黄浦区市政委等有关部门在外滩风景区及南京路沿线布置了350名民警、108名城市管理和辅助人员、100名武警，安保人员配置严重不足。

四是对人员流量变化未及时研判、预警，未发布提示。12月31日20时至事件发生时，外滩风景区人员流量呈上升趋势。黄浦公安分局指挥中心未严格落实上海市公安局指挥中心每半小时上报人员流量监测情况的工作要求，也未及时向黄浦区委区政府总值班室报告。黄浦公安分局对各时段人员流量快速递增的变动情况未及时采取有效措施，未报请黄浦区政府发布预警，控制事态发展。对上海市公安局多次提醒的形势研判要求，未做响应。

五是应对处置不当。针对事发当晚持续增加的人员流量，在现场现有警力配备明显不足的情况下，黄浦公安分局只对警力部署作了部分调整，没有采取其他有效措施，一直未向黄浦区政府和上海市公安局报告，未向上海市公安局提出增援需求，也未落实上海市公安局相关指令，处置措施不当。上海市公安局对黄浦公安分局处置措施不当指导监督不到位。黄浦区政府未及时向市政府报送事件信息。

调查认定，对事件发生，黄浦区政府负有主要管理责任，黄浦公安分局负有直接管理责任，黄浦区市政委负有管理责任，黄浦区旅游局负有管理责任，黄浦区外滩风景区管理办公室负有管理责任，上海市公安局负有指导监督管理责任。

调查报告同时提出五项整改建议：一是切实落实安全责任制，大力增强红线、底线意识；二是切实加强对大人流场所和活动安全管理，进一步落实完善制度规定；三是切实加强监测预警，进一步提升突发事件防范能力；四是切实加强应急联动，进一步强化应急处置能力；五是切实加强宣教培训，进一步提升全社会公共安全意识能力。

调查报告建议，对包括黄浦区区委书记周伟、黄浦区区长彭崧在内的11名党政干部进行处分。其中，周伟、彭崧、黄浦区区委常委、副区长吴成事件发生当晚在参加新年倒计时活动后，违反中央八项规定精神、公款吃喝，造成十分恶劣的社会影响。建议给予周伟撤销党内职务处分，建议给予彭崧撤销党内职务、行政撤职处分；建议给予黄浦区副区长、黄浦公安分局党委书记、局长周正撤销党内职务、行政撤职处分；建议给予吴成党内严重警告、行政降级处分。

调查组副组长、上海市副市长周波代表市委、市政府再次对事件遇难者表示深深的哀悼，对遇难者家属、对伤者及其家属表示深深的歉意，对全体市民表示深深的愧疚，对参与救援的医疗救护人员、基层干警、市民和游客表示慰问和感谢。调查组按照领导要求彻查原因，认真还原分析事件各环节和细节，拿出经得起历史检验的调查报告；依法依规严肃问责、从严问责，作出对社会和公众负责任的交代。

（责任编辑：王洋）

# 第二章　文献综述与理论基础

景区游客高峰时段的客流安全管理与应急调控研究主要涉及公共安全与应急管理、景区管理两个领域。为全面了解相关领域，本章将对国内外旅游应急管理和景区旅游流管理等相关研究进行梳理和评述，以讨论现有研究成果与有待进一步延伸的问题；对本书涉及的相关概念和理论基础进行归纳。

## 第一节　文献综述

### 一、旅游应急管理研究

#### （一）国外旅游应急管理研究

基于社会实践，以美国为代表的西方发达国家最先开展应急管理领域的研究。在旅游实践领域，国外学界虽然在 20 世纪 70 年代就非常关注旅游安全问题和旅游突发事件的研究工作，但至今没有提出旅游应急管理的相关理论。通过在 20 世纪 80~90 年代的发展，国外旅游安全方面的研究逐渐形成了三个重要研究方向：旅游风险管理、旅游灾难管理和旅游危机管理[①]。

旅游风险管理研究主要是基于微观因素从各类旅游事故中获得对风险的

① 谢朝武．旅游应急管理［M］．北京：中国旅游出版社，2018.

认知。部分学者将旅游者作为风险感知的研究主体，Roehl 和 Ditton 研究了影响旅游者决策的风险①；Andrew 探讨了旅游风险因素的划分，并对旅游者角色及其感知风险能力进行分析，认为女性比较敏感的风险包括食物和健康方面的风险②。部分学者关注了因旅游地及其环境因素等自然灾害对旅游者的风险管理③, Du 和 Tian 通过对旅游突发事件分析后发现，旅游突发事件与天气、道路、旅游地的拥挤程度以及旅游地的地形地貌密切相关④。除此之外，高原旅游风险、火山和地热旅游风险和探险旅游风险等高风险旅游项目⑤也是旅游风险的重要来源，受到了社会和学界的关注。

在旅游风险管理研究中，最有影响的是 Bentley 对旅游安全突发事件影响因素体系的构建研究。海因里希提出了“事故因果连锁理论”，认为安全问题很大程度上不是因为单一因素产生的，更多是受“人—机—环境—管理”等综合因素的影响⑥。基于该理论，Bentley 通过对旅游安全事故进行分析，认为探险旅游安全事故是受到人为、环境、设施和管理因素的综合影响共同产生的⑦。

旅游灾难管理研究主要是基于宏观角度对重大旅游灾难风险管理体系的研究。部分学者给出了灾难的内涵⑧和分类、灾难管理的内涵，还有学者对灾难管理的处置主体进行了分析，Kelly 认为政府部门和相关机构是灾难管理的

---

① Roehl W S, Ditton R B, Fesenmaier D R. Community–tourism ties［J］. ANNALS OF TOURISM RESEARCH，1989，16（4）：504–513.

② Andrew M. Reframing risk using systems thinking［M］//McCabe P T. LONDON：TAYLOR & FRANCIS LTD，2003：451–456.

③ Faulkner B. Towards a framework for tourism disaster management［J］. TOURISM MANAGEMENT，2001，22（2）：135–147.

④ Du J P，Tian Y，Zuo M，et al. Using quantum immune clone algorithm in the forecast of tourism emergency events［M］//NEW YORK：IEEE，2007：1358.

⑤ Heggie T W. Geotourism and volcanoes：Health hazards facing tourists at volcanic and geothermal destinations［J］. TRAVEL MEDICINE AND INFECTIOUS DISEASE，2009，7（5）：257–261.

⑥ Bentley T，Page S，Meyer D，et al. How safe is adventure tourism in New Zealand? An exploratory analysis［J］. APPLIED ERGONOMICS，2001，32（4）：327–338.

⑦ Bentley T A，Cater C，Page S J. Adventure and ecotourism safety in Queensland：Operator experiences and practice［J］. TOURISM MANAGEMENT，2010，31（5）：563–571.

⑧ Moe T L，Pathranarakul P. An integrated approach to natural desaster management：Public project management and its critical success factors［J］. DISASTER PREVENTION AND MANAGEMENT，2006，15（3）：396–413.

主体[①]；Moe认为政府、志愿组织和私有机构应当开展合作，以全面协调的方式来应对灾难管理。灾难管理体系的研究是非常重要的内容，Moe给出了灾难管理的五个阶段：预测、监测、应急救援、恢复和重建[②]，这个任务框架与应急管理框架已经非常相似，越来越多的学者将灾难管理和应急管理联系在一起，甚至混同使用。

在旅游灾难管理研究中，比较有影响的理论阐述是Faulkner提出的分析和制定旅游灾害管理规划的通用模型[③]，对旅游灾难管理规划提出了一套有效的前提和原则。

旅游危机管理研究主要是对旅游灾害危机过程相关内容的管理研究。不同学者对危机管理的过程机制进行了阐述，其中Robert Heath提出的4R危机管理理论较为被学界接受，他认为危机管理由缩减阶段、预备阶段、反应阶段和恢复阶段组成[④]，这给旅游危机管理提供了重要的理论基础和支撑。随着旅游危机管理的过程机制和研究对象不断深化，不同的学者也从旅游预警管理[⑤]、减缓与准备[⑥]、危机规划[⑦]、危机响应[⑧]等旅游危机管理任务机制的方面进行了探索。同时旅游危机预警系统的开发、预警方法和应用、危机的弹性研

① Kelly C. A framework for improving operational effectiveness and cost efficiency in emergency planning and response [J]. DISASTER PREVENTION AND MANAGEMENT，1995，4（3）：25–35.

② Moe T L，Pathranarakul P. An integrated approach to natural desaster management：Public project management and its critical success factors [J]. DISASTER PREVENTION AND MANAGEMENT，2006，15（3）：396–413.

③ Faulkner B. Towards a framework for tourism disaster management [J]. TOURISM MANAGEMENT，2001，22（2）：135–147.

④ Heath R L. Crisis Management for Managers and Executives [M]. London：Financial Times Pitman Publishing，1998.

⑤ Paraskevas A，Altinay L. Signal detection as the first line of defence in tourism crisis management [J]. TOURISM MANAGEMENT，2013，34：158–171.

⑥ Paraskevas A，Arendell B. A strategic framework for terrorism prevention and mitigation in tourism destinations [J]. TOURISM MANAGEMENT，2007，28（6）：1560–1573.

⑦ Malhotra R，Venkatesh U. Pre–crisis period planning：lessons for hospitality and tourism [J]. WORLDWIDE HOSPITALITY AND TOURISM THEMES，2009，1（1）：66–74.

⑧ Johnston D，Becker J. Developing warning and disaster response capacity in the tourism sector in coastal Washington，USA [J]. DISASTER PREVENTION AND MANAGEMENT，2007，16（2）：210–216.

究[①]、危机中消费者行为[②]、危机中旅游目的地管理[③]等旅游组织如何主动管理风险[④]以及危机事件舆情管理[⑤]等相关研究也得以涌现。

从国外文献看，旅游业与应急管理的深度融合一直在促进旅游产业的发展与变革[⑥]。旅游应急管理这个名词在国外提及的还很少，学者们经常使用旅游风险管理、旅游灾难管理或旅游危机管理来阐述旅游应急管理的相关内容。旅游风险管理、旅游灾难管理和旅游危机管理有着密切的理论联系，相关研究是旅游应急管理研究的重要基础。

**（二）国内旅游应急管理研究**

国内旅游应急管理经历了国外类似的研究过程，但国内较早阐述了旅游应急管理的相关概念和理论。国内旅游应急管理研究是在旅游危机研究、旅游灾难研究和旅游安全研究基础上形成的，在“非典”疫情和“5·12汶川特大地震”等重大事件推动下，取得了一定的研究成果。从文献上看，国内旅游应急管理研究主要集中在其客体、主体和实践支撑体系三大结构内容内（如图2.1所示）。

---

① Prayag G. Symbiotic relationship or not? Understanding resilience and crisis management in tourism［J］. TOURISM MANAGEMENT PERSPECTIVES，2018，25：133-135.

② Liu B，Pennington-Gray L，Krieger J. Tourism crisis management：Can the Extended Parallel Process Model be used to understand crisis responses in the cruise industry?［J］. TOURISM MANAGEMENT，2016，55：310-321.

③ Becken S，Hughey K F D. Linking tourism into emergency management structures to enhance disaster risk reduction［J］. TOURISM MANAGEMENT，2013，36：77-85.

④ Paraskevas A，Quek M. When Castro seized the Hilton：Risk and crisis management lessons from the past［J］. TOURISM MANAGEMENT，2019，70：419-429.

⑤ Liu P，He Y M. A Study of Management of Online Public Opinions of Crisis Events Based on Tourism Images-Take Whopping Price Seafood of Sanya for an Example［M］//Zhang H. Lecture Notes in Management Science. SINGAPORE：SINGAPORE MANAGEMENT & SPORTS SCIENCE INST PTE LTD，2016：489-493.

⑥ Beirman D. The integration of emergency management and tourism［J］. THE AUSTRALIAN JOURNAL OF EMERGENCY MANAGEMENT，2011，26（3）：30-34.

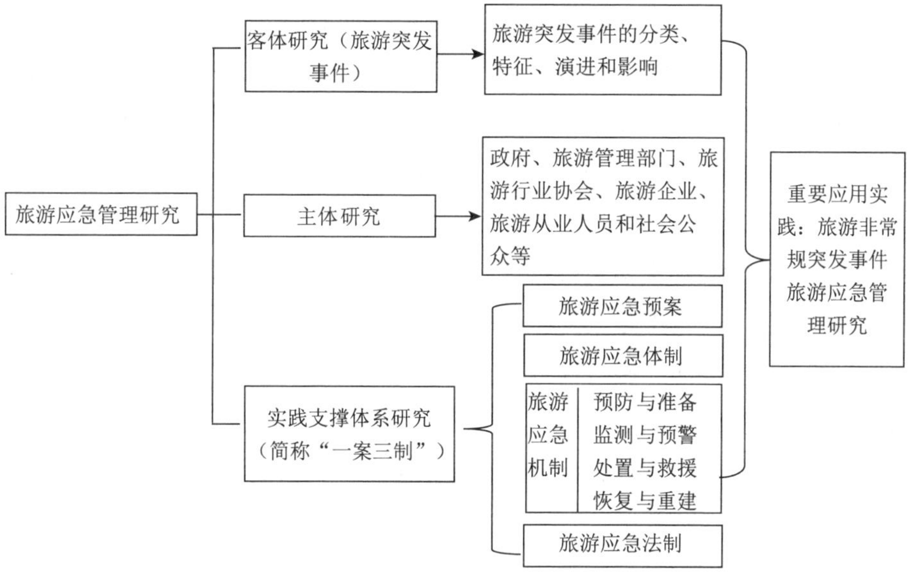


**图 2.1 国内旅游应急管理研究框架图**

旅游应急管理的客体是旅游突发事件，研究内容包括旅游突发事件的分类、特征、演进和影响，这是旅游应急管理研究的基础。目前，学界和业界多沿用 2007 年颁布的《中华人民共和国突发事件应对法》中的分类，将旅游突发事件分为自然灾害、事故灾难、公共卫生事件和社会安全事件四大类别①；姜科等依据突发事件的特点和影响规律的差异性，将其分为一般突发事件和非常规突发事件②；部分学者因研究内容的差异，也尝试了对旅游突发事件进行其他不同类型的划分。有学者对旅游突发事件发展到危机事件后进行了差异化分类阐述③，其中陈文君对旅游景区的危机分类进行了研究④。相比突发事件一般特征，旅游突发事件有自身的特殊性⑤：旅游产业自身的特殊风险

① 中华人民共和国主席令 . 中华人民共和国突发事件应对法 [ EB/OL ] . http: //www.gov.cn/flfg/2007-08/30/content_732593.htm.

② 姜科，程励，李仕明，等 . 非常规突发事件对旅游城市的文化影响及其重建 [ J ] . 管理世界，2009（12）：7-10.

③ 李九全，李开宇，张艳芳 . 旅游危机事件与旅游业危机管理 [ J ]. 人文地理，2003（06）：35-39

④ 陈文君 . 我国旅游景区的主要危机及危机管理初探 [ J ] . 旅游学刊，2005（06）：65-70.

⑤ 谢朝武 . 我国旅游安全预警体系的构建研究 [ J ]. 中国安全科学学报，2010，20（08）：170-176.

结构[①]、管理体系缺陷[②]和外界不确定性因素等都可能是引发旅游突发事件的致灾因子。旅游突发事件会造成旅游者、旅游从业人员的伤亡[③]，也会造成旅游资源的破坏、旅游基础设施或辅助设施的损毁等[④]；同时还会造成宏观、中观和微观层面的社会影响，如旅游业基础发展环境的改变[⑤]、旅游产业发展格局的改变[⑥]和旅游企业、旅游者的改变[⑦]等。

旅游应急管理的主体是指政府、旅游管理部门、旅游行业协会、旅游企业、旅游从业人员和社会公众等相关机构和成员[⑧]。对于发生突发事件的旅游企业，如景区、酒店、旅行社等，它们是现场应急管理实施的重要主体，发挥着至关重要的作用。

旅游应急管理的实践支撑体系主要指旅游应急预案和旅游应急体制、机制、法制（简称“一案三制”）等实践活动体系。

旅游应急预案有较强的政治性和实践指导意义，所以多由政府部门牵头编制。梁明珠阐述了政府、行业协会以及旅游企业的应急预案编制，并勾勒出旅游应急预案的总体框架[⑨]。目前，旅游企业针对性更强的应急预案编制工作逐渐受到重视，佟瑞鹏等阐述了旅游景区安全事故的应急预案编制[⑩]等内容。旅游应急预案能为现场应急方案的最终制定提供科学依据，能有效降低事故所造成的损失。旅游企业应建立科学的事前应急预案，并进行协同演练，

---

① 王兆峰，朱彦锋.旅游产业风险防范与化解对策研究［J］.吉首大学学报（自然科学版），2009，30（05）：116-120.

② 苏欣慰.刍议酒店突发事件的应急管理［J］.科技和产业，2009，9（12）：100-103.

③ 汪洪亮，张金玲.系统科学视阈中的灾后羌寨文化保护与旅游振兴［J］.系统科学学报，2010，18（01）：42-45.

④ 杨国才.楚雄千年彝族诸葛营村的震后重建与旅游开发——地质灾害后村落发展的启示与社会学思考［J］.云南民族大学学报（哲学社会科学版），2011，28（05）：78-85.

⑤ 刘春玲，孙庆军，吴丽云，等.突发性危机事件对旅游业发展的影响及旅游业应急机制研究［J］.石家庄学院学报，2005（03）：60-64.

⑥ 谢朝武，郑向敏.旅游业危机的应急管理研究［J］.北京第二外国语学院学报，2007（09）：26-29.

⑦ 张广瑞.SARS后关于中国旅游发展的冷静思考［J］.财贸经济，2003（11）：65-69.

⑧ 梁明珠.旅游应急管理［M］.广州：暨南大学出版社，2011.

⑨ 梁明珠.旅游应急管理［M］.广州：暨南大学出版社，2011：74-76.

⑩ 佟瑞鹏，李春旭.旅游景区事故应急管理与预案编制［M］.北京：中国劳动社会保障出版社，2015：108-145

以有效提高企业面对突发事件的应对能力[①]。总体上看，应急管理预案相关研究的文献较少，几乎没有专门文献研究旅游应急管理预案；在实践中，绝大多数的旅游企业在灾害发生前没有制定任何灾害应急预案[②]。

旅游应急管理的机制是旅游应急管理实践中的核心内容。学界对旅游应急机制的构成有不同的认识，《中华人民共和国突发事件应对法》颁布后，预防与准备、监测与预警、处置与救援、恢复与重建四个内容[③]成为学界研究旅游应急管理机制的核心。旅游应急预防与准备主要涉及应急教育[④]、应急规划[⑤]和预案建设与演练[⑥]等方面。监测与预警、处置与救援的研究文献较多，其中旅游监测与预警主要集中于建设预警预测、预警决策子系统[⑦]等；处置与救援主要集中在如何实现旅游安全或应急救援的研究，其中研究内容较多的是相关技术与方法在监测预警系统或旅游救援中的应用，如 4S 与 TIS[⑧]、WebGIS 技术[⑨]、Agent 技术[⑩]、人工免疫算法[⑪]、BP 神经网络技术[⑫]和智能决策支持系统[⑬]等。旅游应急恢复与重建的研究主要集中在政府部门，旅游者、旅游企业等

---

① 任学慧，王月 . 滨海城市旅游安全预警与事故应急救援系统设计［J］. 地理科学进展，2005（04）：123–128.

② 谢朝武 . 旅游应急管理［M］. 北京：中国旅游出版社，2018.

③ 中华人民共和国主席令 . 中华人民共和国突发事件应对法［EB/OL］. http：//www.gov.cn/flfg/2007-08/30/content_732593.htm.

④ 刘霞 . 混沌理论视角下旅游目的地危机管理体系的构建［J］. 中州大学学报，2011，28（05）：76–79.

⑤ 尹郑刚 . 地质灾害与旅游业可持续发展［J］. 攀枝花学院学报，2010，27（03）：14–18.

⑥ 翟向坤 . 论中国旅游救援体系的构建［J］. 北京工商大学学报（社会科学版），2008（05）：84–92.

⑦ 刘明广 . 旅游业突发性危机预警机制的构建［J］. 中国城市经济，2010（09）：29.

⑧ 任学慧，王月 . 滨海城市旅游安全预警与事故应急救援系统设计［J］. 地理科学进展，2005（04）：123–128.

⑨ 杨俭波，黄耀丽，徐颂，等 . Web Service/Web GIS 在突发性旅游灾害事件应急预警信息系统中的应用［J］. 人文地理，2006（04）：79–84.

⑩ 陈艳华，席元凯 . 基于多 Agent 的旅行社连锁经营的风险预警信息辅助决策系统研究［J］. 江西科技师范学院学报，2010（05）：100–103.

⑪ 王朋义，杜军平 . 基于人工免疫算法的旅游突发事件预警研究［J］. 北京工商大学学报（自然科学版），2008（03）：76–80.

⑫ 韩林芝，郑江华 . BP 神经网络在旅游安全预警信息系统中的应用研究［J］. 安徽农业科学，2009，37（07）：3327–3329.

⑬ 焦东亮，杜军平 . 旅游突发事件智能决策支持系统研究［J］. 北京工商大学学报（自然科学版），2008（02）：55–58.

相关主体在旅游恢复重建上的响应措施。

旅游应急管理的体制研究文献较少，主要集中在响应应急机制和预案体系的组织模式以及形成的正式制度[①]。旅游应急管理的法制是旅游应急管理工作法制化、制度化和规范化的依据。谢朝武通过对我国旅游应急法制深入研究发现，旅游应急法制相关的研究还很薄弱，《中华人民共和国旅游法》《中华人民共和国突发事件应对法》等法律法规是我国旅游应急工作的法律基础[②]。

旅游非常规突发事件应急管理研究。由于非常规突发事件的频发，其应急管理更是刻不容缓。在21世纪初，国内外都开始深入研究非常规突发事件的应急管理。我国国家自然科学基金委员会在2009年启动了"非常规突发事件应急管理研究"[③]，目前已取得了丰硕成果。但非常规突发事件在旅游领域内相关研究较少，文献可查的内容仅限于非常规突发事件背景下旅游城市的城市形象与旅游者行为[④]、城市文化的影响与重建[⑤]、遗产旅游[⑥]和旅游城市的经济脆弱性[⑦]等较宏观的研究；聚焦非常规突发事件下旅游企业的发展与研究极少。

从国内文献看，旅游应急管理是旅游产业与应急管理的融合研究领域。研究内容是通过定性研究、定量研究或者多学科交叉融合研究等方法，对旅游应急管理的实践进行管理探索，呈现多元化发展的趋势。值得注意的旅游企业（包括景区、酒店和旅行社等）作为应急管理的重要主体，应急预案编制的重要性日渐受到重视，但相关研究的文献较少。面向非常规突发事件应急管理研究属热点和前沿创新研究领域，在旅游应急管理研究中还鲜有提及。

---

① 高小平，刘一弘．我国应急管理研究述评（上）[J]．中国行政管理，2009（08）：29-33.

② 谢朝武．我国高风险旅游项目的安全管理体系研究［J］．人文地理，2011，26（02）：133-138.

③ 韩智勇，钟永光，杨列勋．"非常规突发事件应急管理"重大研究计划召开2009年度项目启动会［J］．中国科学基金，2009，23（05）：268.

④ 姜科．非常规突发事件背景下旅游城市形象及旅游者行为研究［D］．电子科技大学，2010.

⑤ 姜科，程励，李仕明，等．非常规突发事件对旅游城市的文化影响及其重建［J］．管理世界，2009（12）：7-10.

⑥ 程励．非常规突发事件影响下遗产旅游研究的"后危机"聚焦［J］．旅游学刊，2012，27（06）：3-4.

⑦ 刘晓燕，彭健，白洋．非常规突发事件背景下旅游城市经济脆弱性研究——以乌鲁木齐市为例［J］．旅游研究，2016，8（03）：73-79.

## 二、景区旅游流研究

### （一）旅游流研究

1. 国外研究现状

由于国外的旅游发展较早进入成熟阶段，20 世纪 60 年代，国外学者就开始了旅游流的研究。但鲜有专门对旅游流的概念研究，对其也没有严格的界定。研究尺度主要是全球范围内、国家之间、旅游目的地之间等比较宏观的尺度。迄今为止，国外旅游流的研究主要包括旅游流的空间模式与动力机制、旅游流的空间流量、旅游流影响因素和旅游流调控四个方面内容[①]。

旅游流的空间模式研究。该部分是分析旅游者从一个目的地到另一个目的地流动过程中形成的轨迹，属于旅游流的“流向”特征。早期主要是描述国家之间、不同维度地区之间、大城市与小城市之间或旅游核心区之间等游客的整体流向。学者在研究过程中引入了圈层结构理论[②]、“核心—边缘”理论[③]和“推—拉”理论等。比较成熟的应用研究有在游憩与度假地、多目的地和旅游目的地内部等旅游流的空间模式；现在侧重利用多学科交叉或新技术来分析旅游流的空间流动模式，如用 GIS 结合社交媒体数据[④]、GIS 结合 SPSS 统计数据、社会网络分析技术[⑤]、网络分析方法[⑥]等来研究旅游流的流动。

旅游流的空间流量研究。国外在洲际、国家以及特定目的地等大尺度区域的旅游流流量研究比较多，且主要集中在统计分析与预测方面的研究。其中预测方法采用较多的是时间序列[⑦]、引力模型[⑧]等方法。

---

① 张佑印，顾静，马耀峰. 旅游流研究的进展、评价与展望［J］. 旅游学刊，2013，28(06)：38-46.

② I. W R. Summer Cottagers in Ontario［J］. ECONOMIC GEOGRAPHY，1951，1(27)：10-32.

③ Pearce D G. Spatial patterns of package tourism in Europe［J］. ANNALS OF TOURISM RESEARCH，1987，14(2)：183-201.

④ 晏鲤波. 中国旅游心理研究二十年述评［J］. 旅游科学，2004(03)：65-69.

⑤ Chua A, Servillo L, Marcheggiani E, et al. Mapping Cilento：Using geotagged social media data to characterize tourist flows in southern Italy［J］. TOURISM MANAGEMENT，2016，57：295-310.

⑥ Hwang Y，Gretzel U，Fesenmaier D R. Multicity trip patterns – Tourists to the United States［J］. ANNALS OF TOURISM RESEARCH，2006，33(4)：1057-1078.

⑦ Kulendran N, King M L. Forecasting international quarterly tourist flows using error-correction and time-series models［J］. INTERNATIONAL JOURNAL OF FORECASTING，1997，13(3)：319-327.

⑧ Wong, I.A., et al. The dual distance model of tourism movement in intra-regional travel［J］. Current Issues in Tourism，2021，24(9)：1190-1198.

旅游流影响研究。该部分是研究旅游流在空间的流动会受到什么要素的影响。这方面的研究成果很丰富，早期主要是通过多要素角度来综合分析，其中侧重经济因素。如：旅游目的地收入[①]、国际边界对旅游流的障碍作用[②]、来源国经济活动的演变和旅游者在目的地的相对生活成本[③]等。目前主要侧重单一要素的旅游流的影响研究，如：交通设施是否便利[④]、移民、贸易和制度质量[⑤]和基础设施等因素。

旅游流调控研究。Robert Itami 等利用游憩行为模拟器，探索任何一个或多个变量变化，如何在保持游憩体验质量的同时，达到容纳更多游客的目的[⑥]；Wolf利用比较四种访客监测技术，阐述最佳游客监测技术对于评估高价值的自然区域与旅游业的影响至关重要[⑦]。还有部分研究是先分析旅游流影响因素后，提出相应调控优化建议或策略研究。

2. 国内研究现状

在 20 世纪 80 年代，国内以郭来喜、保继刚、张凌云、马耀峰等为代表的学者开始旅游流研究，并取得了显著成绩。研究尺度主要是出入境旅游、旅游目的地之间旅游等比较宏观的尺度。研究内容主要包括旅游流的概念、空间模式、动力机制、旅游流的空间流量、旅游流影响因素和旅游流调控六个方面。

旅游流的概念。与国外研究不同，国内学者对旅游流概念的研究较为热

---

① Lim C. A Meta-Analysis Review of International Tourism Demand [ J ] . JOURNAL OF TRAVEL RESEARCH，1999，37：273-284.

② Timothy D J, Tosun C. Tourists' perceptions of the Canada-USA border as a barrier to tourism at the International Peace Garden [ J ] . TOURISM MANAGEMENT，2003，24（4）：411-421.

③ Garín-Muñoz T，Montero-Martín L F. Tourism in the Balearic Islands：A dynamic model for international demand using panel data [ J ] . TOURISM MANAGEMENT，2007，28（5）：1224-1235.

④ Khadaroo J, Seetanah B. The role of transport infrastructure in international tourism development：A gravity model approach [ J ] . TOURISM MANAGEMENT，2008，29（5）：831-840.

⑤ Balli F, Balli H O, Jean Louis R. The impacts of immigrants and institutions on bilateral tourism flows [ J ] . TOURISM MANAGEMENT，2016，52：221-229.

⑥ Itami R，Raulings R，MacLaren G，et al. RBSim 2：simulating the complex interactions between human movement and the outdoor recreation environment [ J ] . JOURNAL FOR NATURE CONSERVATION，2003，11（4）：278-286.

⑦ Wolf I D, Hagenloh G, Croft D B. Visitor monitoring along roads and hiking trails：How to determine usage levels in tourist sites [ J ] . TOURISM MANAGEMENT，2012，33（1）：16-28.

衷。国内学术界比较认可的广义概念是："旅游流是指客源地与目的地以及目的地与目的地之间的单向、双向旅游客流、信息流、资金流、物质流、能量流和文化流的集合"[①]；狭义概念是："在一个区域上由于旅游需求的近似而引起的旅游者集体性空间位移现象，具体是指旅游者从客源地向目的地流动的人群数量和流动模式"[②]。谢彦君从流向、流量和时间三个方面对狭义旅游流的概念也进行了界定[③]；马耀峰团队在上述基础上又拓展出流质、流势等特征[④]。

旅游流的空间模式研究。国内比较成熟的旅游流空间模式有多尺度旅游流空间模式[⑤]、环城游憩带旅游流空间模式[⑥]、递减集散模式[⑦]和内聚模式[⑧]等。国内在吸取国外学者提出的旅游行为空间模式基础上，利用圈层结构理论或距离衰减规律[⑨]核心边缘理论[⑩]和空间扩散[⑪]理论，进一步丰富了旅游流的空间流动模式。

旅游流动力机制研究。该部分研究呈现多学科交叉的特点，更多的是借鉴物理学中力学理论进行分析。旅游者旅游的愿望，属于内部吸引力[⑫]；旅游目的地特有的旅游资源是游客外部的吸引力[⑬]；还有旅游流基于其他因素形成

---

① 唐顺铁，郭来喜．旅游流体系研究［J］．旅游学刊，1998（03）：38–41.

② 马耀峰，李天顺，刘新平．中国入境旅游研究［M］．北京：科学出版社，1999.

③ 谢彦君．基础旅游学［M］．北京：中国旅游出版社，2004.

④ 张佑印，马耀峰，马红丽，等．北京入境集聚扩散旅游流平衡点转移规律研究［J］．旅游学刊，2009，24（12）：31–35.

⑤ 保继刚，楚义芳．旅游地理学［M］．北京：高等教育出版社，1999.

⑥ 吴必虎．上海城市游憩者流动行为研究［J］．地理学报，1994（02）：117–127.

⑦ 张佑印．北京入境集聚扩散旅游流时空演变规律及动力机制研究［D］．陕西师范大学，2010.

⑧ 薛莹．旅游流在区域内聚：从自组织到组织——区域旅游研究的一个理论框架［J］．旅游学刊，2006（04）：47–54.

⑨ 刘宏盈．广东入境旅游流西向扩散距离衰减规律研究［J］．经济地理，2012，32（11）：162–165.

⑩ 廖继武．"核心–边缘"区域结构对旅游客流的影响——以肇庆景区为例［J］．云南地理环境研究，2013，25（04）：81–86.

⑪ 张佑印，顾静，马耀峰，等．北京入境旅游流分级扩散模式及动力机制分析［J］．人文地理，2012，27（05）：120–127.

⑫ 毛端谦，张捷，包浩生．基于Lancaster特性理论的旅游目的地选择模式——理论分析与江西省旅游客流的实证研究［J］．地理研究，2005（06）：992–999.

⑬ 保继刚，龙江智．城市旅游驱动力的转化及其实践意义［J］．地理研究，2005（02）：274–282.

的推力和阻力等共同形成旅游流动力系统[①]。在此基础上，还有很多学者对旅游流动力系统研究进行了完善[②]。

旅游流的空间流量研究。国内旅游流流量研究尺度很全面：大尺度的研究，如出入境旅游流[③]和特定区域旅游流研究；中尺度的研究，如长江三角洲、珠江三角洲等旅游发达区域；小尺度的研究，如省、市域内的旅游流流量等[④]；还有部分学者对景区尺度[⑤]的旅游流流量进行了研究。研究内容主要集中在旅游流的统计分析和预测，另外还有少量的旅游流流量调控问题研究。

旅游流影响因素研究。该部分研究主要集中在旅游流对社区居民、区域经济以及历史文化等方面的影响或相互作用的研究。如旅游流与目的地间的响应[⑥]和旅游流与区域环境的耦合协调[⑦]等内容。

旅游流调控研究。旅游流的调控工作要在对旅游流的形成机理、流动规律等有清晰的认识后开展，所以这方面研究要相对滞后。国内学者主要是以旅游目的地研究为主，在中微观层面提出旅游流的优化建议，如张海涛从国家休假制定、旅游流的生成和目的地采用的对策等方面，系统分析了旅游流的调控措施[⑧]；张健华对景区采用的各种游客数量调控措施进行了比较研究[⑨]。

3. 国内外旅游流研究简述

总体来看，国内外学者对旅游流的研究成果非常丰富。研究对象都把旅游客流作为重要研究主体；旅游流的研究尺度多集中在大、中尺度的分析；

① 张佑印，马耀峰，顾静．北京入境旅游流扩散动力机制分析［J］．干旱区资源与环境，2012，26（01）：122–127.

② 杨兴柱，顾朝林，王群．旅游流驱动力系统分析［J］．地理研究，2011，30（01）：23–36.

③ 李振亭，马耀峰，李创新，等．近20年来中国入境旅游流流量与流质的变化分析［J］．陕西师范大学学报（自然科学版），2012，40（01）：94–99.

④ 牛亚菲，谢丽波，刘春凤．北京市旅游客流时空分布特征与调控对策［J］．地理研究，2005（02）：283–292.

⑤ 徐红罡，薛丹．旅游目的地仿生学空间关系研究——以安徽省古村落西递、宏村为例［J］．地理科学，2011，31（12）：1518–1524.

⑥ 黄泰，张捷．基于旅游流特征分析的旅游区域影响研究——以淮安市为例［J］．旅游科学，2006（02）：18–24.

⑦ 张春晖，马耀峰，吴晶，等．供需视角下西部入境旅游流与目的地耦合协调度及其时空分异研究［J］．经济地理，2013，33（10）：174–181.

⑧ 张海涛．中国国内旅游流调控研究［J］．全国商情（理论研究），2013（02）：16–17.

⑨ 张健华，余建辉．旅游景区游客数量调控技术的研究［J］．技术经济，2007（02）：110–114.

研究内容都集中在旅游流的内涵、旅游流的空间模式、旅游流动力机制、旅游流空间流量、旅游流影响因素和旅游流的调控等方面；研究过程从经历定性分析向模型构建、系统仿真的纵深发展阶段；研究方法多集中借鉴和修正其他学科的一些成熟方法：旅游地理研究几乎贯穿了国内整个旅游流的研究，研究成果最多。数学、计量经济学等模型在旅游流流量的预测上有相当成果。物理学中的力学理论、空间场理论和引力模型、社会学网络分析法、管理学中的决策分析以及系统仿真等相关方法对旅游流的研究都做出了很多贡献。

比较而言，国内对旅游流的研究要晚于国外，但在旅游流的概念界定、旅游流和地理学结合研究等方面比国外要活跃，成果也较多；国外通过结合社会学、管理学、物理学等理论在旅游流的空间模式、旅游流流量等方面研究比较成熟，国内在旅游流影响和旅游流调控等方面更加系统和深入。

### （二）景区旅游流研究

从20世纪80年代开始，国内学者保继刚①、陆林②、张婕③等就开展了景区内客流的研究。通过文献梳理，从研究对象上看，景区旅游流基本都是游客流，本书无特殊说明，景区旅游流等同于景区客流；从研究内容上分析，景区客流的研究内容更微观和具体，主要包括景区内游客流的时间分布特征、空间分布特征、时空行为特征和客流调控四个方面，如图2.2所示。

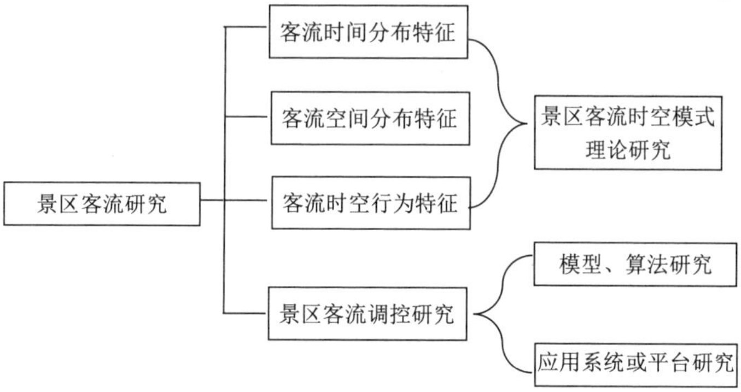


**图2.2　景区内客流研究框架图**

---

① 陈健昌，保继刚．旅游者的行为研究及其实践意义［J］．地理研究，1988（03）：44–51.

② 陆林．山岳风景区客流研究——以安徽黄山为例［J］．地理学报，1994（03）：236–246.

③ 张捷，都金康，周寅康，等．观光旅游地客流时间分布特性的比较研究——以九寨沟、黄山及福建永安桃源洞鳞隐石林国家风景名胜区为例［J］．地理科学，1999（01）：50–55.

景区内客流的时间分布特征。研究表明：不同类型的景区，由于外在客观因素或者自身资源禀赋的不同，其客流在年际、年内、季节性、月际、月内、周内、日内都会呈现不同的变化规律[①]。不同学者对不同类型的景区游客变化规律进行研究，描述了特定景区的客流时间分布特征，并分析产生的原因或对策[②]。颜磊等通过引入小波分析工具和4种指数定量揭示了九寨沟旅游流多时间尺度结构，并分析其结构性：年际尺度上，旅游流呈现明显的三峰型；月际尺度上，旅游流波动逐步变小等[③]；孙根年等分析了骊山风景名胜区客流量年内变化规律及影响因素，得出结论：天气和气候舒适度等自然因素和包括工作与休闲制度的社会因素是影响景区客流量年内变化的主要因素，景区应做好相应的应对策略[④]。

景区内客流的空间结构特征。景区内部人流在空间上分布不均衡，不同时间景区人流分布有很大差异；同一时间状况下，不同景区的客流或者同一景区内不同热度景点游的客流差异同样很大[⑤]。景区客流整体适宜的情况下，热门景点游客过度聚集，局部可能会超过其区域容量。需要管理者合理调控和科学引导，如借助时空分流技术方案[⑥]等，使景区客流适度均衡化。

景区内客流的时空行为特征。基于研究的实际价值，景区内客流时空行为特征研究采用的客流数据均来自旅游旺季的周末、黄金周，或客流容易聚集的热门景点的客流[⑦]。研究内容集中在相对中观层面的认知分析[⑧]和景区内部

---

① 张捷，都金康，周寅康，等. 观光旅游地客流时间分布特性的比较研究——以九寨沟、黄山及福建永安桃源洞鳞隐石林国家风景名胜区为例［J］. 地理科学，1999（01）：50–55.

② 姚小云，周运瑜，徐飞雄. 武陵源区旅游客流量时空变化及其特征分析研究［J］. 桂林旅游高等专科学校学报，2006（01）：72–76.

③ 颜磊，许学工，章小平. 九寨沟世界遗产地旅游流时间特征分析［J］. 北京大学学报（自然科学版），2009，45（01）：171–177.

④ 孙根年，周瑞娜. 骊山景区年内客流量峰林结构及成因分析［J］. 人文地理，2011，26（03）：128–134.

⑤ 宋玉红. 景区内游客时空分布特征及环境影响研究——以杭州西溪国家湿地公园为例［J］. 江苏商论，2009（06）：70–72.

⑥ 冯刚，任佩瑜，戈鹏，等. 基于管理熵与RFID的九寨沟游客高峰期“时空分流”导航管理模式研究［J］. 旅游科学，2010，24（02）：7–17.

⑦ 黄潇婷. 基于时间地理学的景区旅游者时空行为模式研究——以北京颐和园为例［J］. 旅游学刊，2009，24（06）：82–87.

⑧ 周旗，卫旭东. 太白山客源市场结构与游客行为模式研究［J］. 人文地理，2003（05）：89–93.

微观层面的行为或流动①。李春明等基于地理参考照片的分析，研究了景区内游客的时空行为和移动轨迹②；黄潇婷等以颐和园游客为例，研究了游客的时空行为模式、游客活动规律③。

景区内客流调控研究。该部分研究是本书研究的重点，目前国内外这方面的研究大致可分为基础的模型算法研究和景区应用系统研究。

基础模型算法研究多从景区管理的角度展开，任佩瑜团队以九寨沟为研究对象，基于考察景区的资源布局和路径信息，建立数学模型④以使景区内的景点负载趋于均衡⑤，取得了一系列突出的成果；还有学者从提升游客旅游体验的角度，基于排队理论⑥和多目标线性规划方法⑦，来解决景区内部游客排队的问题、基于不同的算法设计以减少游客排队等候时间为目标的研究⑧。这些模型算法研究的对象多集中在主题公园和自然保护区；技术手段多采用数理统计⑨和计算机仿真⑩进行研究；分流的效果主要体现在能获得时间均衡⑪、空间均衡⑫或游憩体验提高⑬等方面。

---

① 李春明，王亚军，刘尹，等. 基于地理参考照片的景区游客时空行为研究［J］. 旅游学刊，2013，28（10）：30-36.

② 同上。

③ 黄潇婷，马修军. 基于GPS数据的旅游者活动节奏研究［J］. 旅游学刊，2011，26（12）：26-29.

④ 姜向阳，任佩瑜. 自然保护区旅游高峰期时空分流导航管理的模型构建与分析［J］. 旅游科学，2012，26（04）：17-25.

⑤ 邱厌庆，戈鹏，任佩瑜. 基于九寨沟景点负荷均衡的时空分流导航研究［J］. 资源科学，2010，32（01）：118-123.

⑥ 王仁志，苗维亚. 基于 M/M/n 排队论的大型旅游景区内部排队现象研究［J］. 经济体制改革，2012（03）：177-180.

⑦ 朱广恩，李浩，赵志华，等. 快通系统排队问题的建模与多目标优化［J］. 河南师范大学学报（自然科学版），2012，40（03）：21-23.

⑧ 郑天翔. 基于动态实时调度的主题公园游客时空分流导航管理研究［J］. 旅游科学，2012，26（04）：8-16.

⑨ 邱厌庆，戈鹏，赖力，等. 九寨沟景区初态聚类分流实证研究［J］. 资源科学，2010，32（10）：1987-1992.

⑩ 黎巎，杜栓柱. 景区游憩行为计算机仿真系统研究综述［J］. 旅游学刊，2011，26（07）：85-94.

⑪ 郑天翔. 基于动态实时调度的主题公园游客时空分流导航管理研究［J］. 旅游科学，2012，26（04）：8-16.

⑫ 戈鹏，郑伟民，肖雄辉，等. 基于九寨沟区域时空负荷均衡的仿真研究［J］. 管理工程学报，2013，27（02）：99-106.

⑬ 朱广恩，李浩，赵志华，等. 快通系统排队问题的建模与多目标优化［J］. 河南师范大学学报（自然科学版），2012，40（03）：21-23.

景区应用系统研究在国外有成熟的专家系统[①]和推荐系统[②]；由于研究起步较晚，国内还没有有效解决景区调控的成熟系统，但智慧景区的相关研究一直在稳步发展，这将为景区客流调控研究奠定一定的基础。如学者们借助现代通信技术[③]和软件平台来感知游客的位置[④]或模拟景区地理空间数据[⑤]；借助数据挖掘[⑥]和多Agent技术[⑦]构建决策支持系统；借助软硬件技术实现游客定位[⑧]、流量预警[⑨]、游客自助游览导航[⑩]等旅游服务系统等。

## 三、文献评述

通过对旅游应急管理和景区旅游流已有文献的梳理，可以得到如下基本结论和启示：

（1）国内外对旅游安全、旅游灾难和旅游危机等方面内容都进行了深入研究，而且国内已明确提出旅游应急管理研究方向。国内旅游应急管理研究的主要内容是基于国家法律法规的应急管理预案、应急管理体制、应急管理机制和应急管理法制（“一案三制”）。旅游企业（包括景区、酒店和旅行社等）作为应急管理的重要主体，应急预案编制的重要性日渐受到重视，但相关研究的文献较少；非常规突发事件应急管理研究是目前研究的热点和前沿

① Low B T，Cheng C H，Wong K F，et al. An expert advisory system for the tourism industry［J］. EXPERT SYSTEMS WITH APPLICATIONS，1996，11（1）：65–77.

② Martin D，Alzua A，Lamsfus C. A Contextual Geofencing Mobile Tourism Service［M］//Law R，Fuchs M，Ricci F. 2011：191–202.

③ 崔煜，张京宁. 基于北斗系统的LBS在景区智能导游系统中的应用［J］. 测绘与空间地理信息，2013，36（06）：98–101.

④ 林俊，杜军平. 智能旅游行程导航系统［J］. 计算机应用，2009，29（S1）：369–371.

⑤ 包富华，张学宝. 基于OSG的西安市景区虚拟旅游系统设计与开发［J］. 咸阳师范学院学报，2012，27（02）：68–71.

⑥ 杜军平，周亦鹏. 基于数据的旅游管理决策支持系统研究［J］. 自动化学报，2009，35（06）：834–840.

⑦ 张仁军. 基于GIS与Multi–Agent System的景区游客空间行为模拟系统［J］. 四川师范大学学报（自然科学版），2006（04）：495–498.

⑧ 敬铅，孔新兵. 基于北斗和物联网技术的智慧旅游应用系统设计［J］. 移动通信，2013，37（15）：15–18.

⑨ 崔煜，张京宁. 基于北斗系统的LBS在景区智能导游系统中的应用［J］. 测绘与空间地理信息，2013，36（06）：98–101.

⑩ 张文元，谈国新，孙传明. 一种景区智能导游系统的设计与实现［J］. 测绘地理信息，2018，43（05）：79–84.

领域，但景区非常规突发事件的相关研究内容还未受到关注，值得重点研究。

（2）对旅游流的研究，国内外的研究成果非常丰富。研究对象均把旅游客流作为主要研究主体；研究内容多集中在旅游流的内涵、旅游流的空间模式、旅游流动力机制、旅游流的空间流量、旅游流影响因素和旅游流的调控等方面，其中国内在旅游流的内涵、旅游流影响因素和旅游流的调控相关研究更加系统和深入；研究尺度多集中在全球、洲际、国家之间或旅游目的地之间等比较宏观尺度，对于景区尺度研究明显不足。

（3）对景区尺度的客流调控研究，国内学者基于景区客流的时间分布、空间结构分布和时空分布等相关理论，通过模型构建和算法设计，进而实现客流调控决策支持系统或应用平台，这个研究体系初具雏形。景区客流调控实践的目标，国外集中在建设为游客提供个性化服务的专家系统或推荐系统，国内集中在如何促进景区内各景点的负荷均衡或减少游客景点的排队时间等。而在有效解决景区内拥堵或局部超载，以及叠加非常规突发事件时的客流调控难题几乎很少涉及。

（4）在研究方法和技术方面，景区客流调控问题多是基于调查研究和定性分析，研究客流的调控措施或提出优化建议等。而基于定量分析、数学建模等方法，融合计算机仿真等信息技术的研究成果较少，且研究深度和系统性都有待进一步提升，是目前研究的薄弱环节①。

通过对旅游应急管理和景区旅游流等相关文献的综述，找到本书的研究方向和研究空间。本书将景区游客高峰时段的客流安全管理和应急调控作为研究方向，基于应用定量分析、数学建模等方法并融合计算机仿真技术，通过构建景区客流应急疏散的仿真系统，重点研究景区面对非常规突发事件的客流应急调控预案建设。该研究成果是目前景区客流安全管理的重要补充，为景区形成科学化、系统化和精细化的客流应急调控决策提供重要的理论和技术支撑。

① Zhang G，Ning Y，Zhang C，et al. Applying creative computing in the analysis of smart tourism research in China［J］. INTERNATIONAL JOURNAL OF PERFORMABILITY ENGINEERING，2019，15（2）：623–629.

# 第二节　理论基础

## 一、相关概念

### （一）景区

景区的概念界定至今尚未形成统一的定义，国内外不同的学者在旅游专业类教科书中或专业文献中给出过很多定义。国外对于旅游景区的定义基本上可以分为狭义和广义两大类：狭义的旅游景区是指一个吸引游客休闲和游览的经营实体，广义的几乎等同于旅游目的地[①]。国内学者对于旅游景区的定义侧重点有所不同，但基本含义大同小异，主要集中在空间地域范围、服务设施、旅游功能和经营主体等方面[②]。

本书采用国家标准《旅游景区质量等级的划分与评定》中对旅游景区的定义："旅游景区是指具有参观游览、休闲度假、康乐健身等功能，具有相应旅游服务设施并提供相应服务的独立管理区。该管理区应有统一的经营管理机构和明确的地域范围。包括风景区、文博馆、寺庙观堂、旅游度假区、自然保护区、主题公园、森林公园、地质公园、游乐园、动物园、植物园及工业、农业、经贸、科教、军事、体育、文化艺术等各类旅游区（点）。"[③]

根据这个定义，旅游景区包含如下要素：

（1）旅游功能：为游客提供游览与休闲相关的多种旅游服务功能。

（2）旅游设施：可以基于自有的旅游设施开展旅游服务活动。

（3）经营主体：有对景区进行统一经营的管理机构。

（4）空间范围：景区具有较为明确的地域范围边界。

旅游景区和旅游目的地、旅游度假区、风景名胜区、风景旅游区等有一定的区别。通常情况下，旅游目的地的功能更完善、空间尺度要更大，如一

① 张凌云 . 旅游景区管理［M］. 北京：旅游教育出版社，2019.

② 同上。

③ GB/T 17775—2003，旅游景区质量等级的划分与评定［S］.

个国家、一座城市等。本书的旅游景区属于中小尺度的空间概念，且空间范围内有明显的标志性景点。旅游度假区、风景名胜区等，是从属于旅游景区的一个亚区。

**（二）景区承载量**

在西方学术界，拉佩芝（Lapage，1963）首先提出旅游容量的问题，认为一定时间内旅游地接到游客总量应该有限度，以保证旅游环境质量安全和游客满意。在国内，赵红红最先对苏州园林的容量做了理论探讨[①]。

旅游承载量和旅游容量两个概念的边界非常模糊。随着研究的不断深入，越来越多的学者认为旅游容量等同于旅游承载量。

2013 年 10 月 1 日实施的《中华人民共和国旅游法》，要求景区要公布主管部门核定的最大承载量，在旅游活动中不得超景区最大承载量接待游客，且景区要根据游客数量制定和实施相应的流量控制方案，如门票预约等，来切实控制景区的游客数量[②]。

为了落实《中华人民共和国旅游法》中的景区容量管理，国家旅游局于 2014 年 12 月 26 日发布了《景区最大承载量核定导则》（见附录 1），对景区的空间容量和设施容量做了明确说明。同时给出了景区最大承载量的概念和计算方法，并要求各大景区核算出游客最大承载量。“最大承载量是指在一定时间条件下，在保障景区内每个景点旅游者人身安全和旅游资源环境安全的前提下，景区能够容纳的最大旅游者数量。”[③]《景区最大承载量核定导则》还要求景区制定游客流量控制预案，“当景区内旅游者数量达到最大日承载量的 80% 时，启动包括交通调控、入口调控等措施控制旅游者流量”[④]。

2017 年 11 月，国家旅游局发布《景区游客高峰时段应对规范》（见本章案例资料），首次提出景区游客数量达到或超过其最大承载量 80% 的时段为景区游客高峰时段，此时景区启动黄色应急预案，进入应对准备状态。并设定此时的应对等级为三级，用黄色表示。对应的 90% 以上为二级，用橙色表

① 赵红红．苏州旅游环境容量问题初探［J］. 城市规划，1983（03）：46–53.

② 中华人民共和国主席令第五十七号. 中华人民共和国旅游法［EB/OL］. http：//zwgk.mct.gov.cn/auto255/201805/t20180510_832126.html?keywords=.

③ LB/T 034–2014，景区最大承载量核定导则［S］. 2014–12–26.

④ LB/T 034–2014，景区最大承载量核定导则［S］. 2014–12–26.

示；95% 为一级，用红色表示[①]。同时还在组织管理、设施设备、信息管理、保障措施等方面的工作提出了明确的应对程序和要求。

由于在国家旅游局的多个文件中，最大日承载量的 80% 是启动应急预案或者启动各项调控措施的主要标志，所以本书把它作为进入景区应急管理阶段和景区游客高峰时段的标志。

（三）**突发事件与非常规突发事件**

突发事件是公共安全科学关注的重点之一，在相当长的一段时间内，国内外对其含义或概念，一直缺乏统一而明确的界定。我国的《中华人民共和国突发事件应对法》中界定：突发事件是指突然发生，造成或者可能造成旅游者人身伤亡、财产损失，需要采取应急处置措施予以应对的自然灾害、事故灾难、公共卫生事件和社会安全事件[②]。

对突发事件可以这么理解：

（1）“突然发生”很可能源于对灾害事故的直观感受，如爆炸、山体滑坡等，这些灾害都是在很短时间内突然发生的。事实上，更多的灾害事故是经过长时间的积累才发生的，是一个量变到质变的过程。所以，突发不能简单理解为毫无征兆地突然发生，实际上表达的是在较短的时间内灾害要素突破临界值，显现出事件突发的特点。

（2）只有“造成或者可能造成旅游者人身伤亡、财产损失，需要采取应急处置措施予以应对”的事件，才称为突发事件。这就说明存在“承灾体”（详见书文 2.2.2“公共安全与应急管理”）是必要条件，但未必一定会产生人身伤亡或财产损失；采取应急处置措施，就需要研究突发事件本身，还要考虑“承灾体”的特点和规律，这就为应急管理提供了方向和方法的指导。

所以，突发事件具有以下特点[③]：突发事件本质上是一种过程；突发事件发展过程中通常存在若干关键或特殊状态。非常规突发事件没有统一的概念或定义，特指事件发生前兆不充分，并表现出时间稀有性、时间紧迫性、

① LB/T068-2017，景区游客高峰时段应对规范［S］.

② 中华人民共和国主席令 . 中华人民共和国突发事件应对法［EB/OL］. http：//www.gov.cn/flfg/2007-08/30/content_732593.htm.

③ 范维澄，闪淳昌，等 . 公共安全与应急管理［M］. 北京：科学出版社，2017.

后果严重性等明显的复杂性特征，采用常规管理方式难以应对处置的突发事件①。

由此，非常规性突发事件相比突发事件具有以下特征：

（1）非常规突发事件突发性强，前兆不明显。非常规突发事件的灾害要素从孕育到突发，甚至是失控的演化过程非常短暂，前兆很微小，预警预报困难。

（2）非常规突发事件具有较强的不确定性。由于非常规突发事件在短时间内发生，人们通常面对灾害信息不完整、应对资源不足等情况，在如此复杂和高度不确定的状态下应急处置比较困难。

（3）非常规突发事件的影响非常严重。非常规突发事件影响的严重性体现在可能会伴随着重大的人员伤亡、财产损失或者环境破坏。

突发事件和非常规突发事件之间联系密切，有包含和被包含的关系，但两者的边界非常模糊。当然，对于不同主体与视角、不同范围或不同发展阶段来审视同一突发事件，认识也会有所不同。如2019年年底，武汉市发现不明来源的新型冠状病毒肺炎（COVID-19），传播之快、令人吃惊，武汉市在2020年1月23日作出关闭离汉通道决定②。1月24日，世界卫生组织宣布，暂时不将新型冠状病毒肺炎疫情确定为“国际关注的突发公共卫生事件”③；同日，浙江、广东、湖北等省则率先针对新型冠状病毒肺炎疫情，启动重大突发公共卫生事件一级最高级别的响应④；随着疫情的发展，1月31日，世界卫生组织将新冠病毒疫情列为国际关注突发公共卫生事件⑤。

基于上述分析和景区的工作实践，本书对景区内突发事件和非常规突发事件做如下界定：

---

① 范维澄，霍红，杨列勋，等.“非常规突发事件应急管理研究”重大研究计划结题综述［J］.中国科学基金，2018，32（03）：297-305.

② 央视新闻.湖北省长：武汉市作出关闭离汉通道决定是非常艰难的［EB/OL］.https：//baijiahao.baidu.com/s?id=1656526778446820471&wfr=spider&for=pc.

③ 新华社.世卫组织：新型肺炎不构成国际关注突发公共卫生事件［EB/OL］.https：//news.163.com/20/ 0124/02/F3KETMLF0001899O.html.

④ 第一财经.多省启动一级响应抗击疫情 为何湖北却不是最快的？［EB/OL］.https：//news.163.com/20/ 0125/09/F3NQ5PE10001899N.html.

⑤ 新华社.世卫将新冠病毒疫情列为国际关注突发公共卫生事件［EB/OL］.https：//news.163.com/20/ om/20/0131/03/F46KIPOJ0001899O.html.

（1）从实践中看，景区内客流大多数情况下达不到最大承载量。当景区客流量达到最大日承载量的80%时，景区启动应急管理，开始采取不同等级的应对措施。对景区而言，此时游客高峰时段的大量游客到访属于景区突发事件。

（2）在景区游客高峰时段，若突发灾难性事件，如突发的火灾、踩踏等，常规应急处置就会比较困难，容易造成重大人员伤亡。对景区而言，这属于景区的非常规突发事件。2014年12月31日的上海外滩踩踏事件就是典型的非常规突发事件，造成36人死亡、49人受伤，社会影响非常大。

## 二、公共安全与应急管理理论

### （一）公共安全与应急管理

公共安全主要是指稳定的社会环境和秩序以及社会、公众和公共设施的安全。公共安全更强调社会公众的生命及财产不受威胁和损害，并关注持续保持安全状态的能力[①]。应急管理是应用科学、技术、规划与管理知识，应对能造成大量人员伤亡、带来严重财产损失、扰乱社会生活秩序的各类极端突发事件[②]。

公共安全与应急管理受到国际社会的高度重视是在美国“9·11事件”以后，“9·11事件”让各国政府和专家学者重新思考和重视如何应对突发事件这个问题。而我国是在2003年“非典”疫情后，公共安全与应急管理研究得到空前的重视。同年召开的十六届三中全会对建设预警和应急机制提出要求，以提高政府应对突发事件的能力[③]。在2005年，国务院讨论通过《国家突发公共事件总体应急预案》，其中对公共事件的应急管理体系进行了规范；2005年7月，温家宝总理在第一次全国应急管理工作会议上强调，各级政府要全面加强应急管理工作，把“一案三制”（应急预案、应急工作体制、机制和法制）作为工作重点。2007年，国家颁布《中华人民共和国突发事件应对法》，

① 范维澄，闪淳昌等.公共安全与应急管理［M］.北京：科学出版社，2017.

② Hoetmer G J, Introduction., In Drabek T E, et al. Emergency Management：Principles and Practice for Local Government［M］. Washington，DC：International City Management Association，1991.

③ 中国共产党第十六届三中全会.中共中央关于完善社会主义市场经济体制若干问题的决定［M］.北京：人民出版社，2003.

我国的应急管理工作有了坚实的法律基础，随后在各个领域内也颁布相关的公共安全与应急管理政策文件；2008 年，我国大灾多发，特别是“5・12 汶川特大地震”的发生，公共管理与应急管理在其中发挥重要作用，突发事件的应急能力得到极大的提升，我国初步建立起“一案三制”应急管理体系①。2015 年 5 月 29 日，中共中央总书记习近平主持了中共中央政治局健全公共安全体系集中学习，我国对安全问题的重视提升到一个新的战略高度。

突发事件从发生、发展、成灾，最后到采取应急措施，可以认为是突发事件的全周期。这个周期过程中存在着公共安全科学的三个主体：突发事件、承灾体和应急管理。突发事件是灾害事故本身，突发事件作用的对象是承灾体，而对突发事件采取的系列应对措施是应急管理。这三者构成了公共安全三角形理论模型②，如图 2.3 所示。

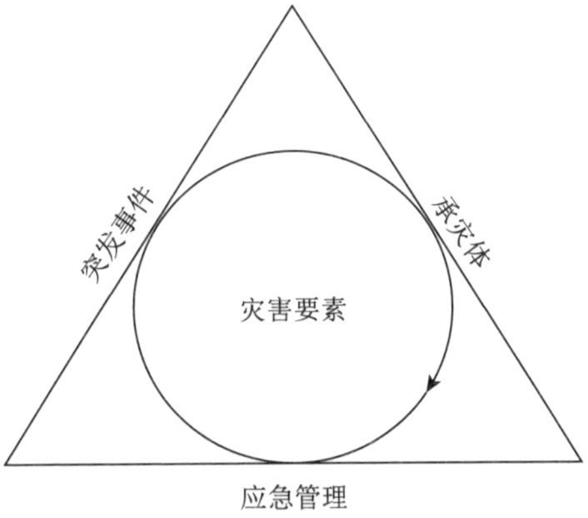


**图 2.3　公共安全的三角形理论模型**

针对公共安全问题，需要研究突发事件产生的原因、发生、发展和演化过程，进而确定灾害要素（包括物质、能量、信息等③）产生的风险类型、强度和时空特性；研究承灾体（一般包括人、物系统等）面临突发事件或在突发事件作用下的状态及其变化，承灾体可能会产生本体破坏和功能破坏，进而导致次生、衍生事件，形成事件链；研究对上述过程中的应急管理，即如

① 闪淳昌 . 构建和谐社会中的中国应急管理［J］. 行政管理改革，2010（08）：17–21.

② 范维澄，闪淳昌等 . 公共安全与应急管理［M］. 北京：科学出版社，2017.

③ 段和平，王发其 . 重庆“12・23”井喷特大事故处置经验与教训［J］. 公安研究，2004（03）：60–63.

何通过各种人为干预，预防和减少突发事件的发生，降低或弱化突发事件的时空强度；减少承灾体的破坏或增强承灾体的抵御能力，阻断次生事件的链生，减少损失，避免因应急措施不当产生的突发事件的再生及承灾体的破坏。

应急管理是通过各种人为干预手段，如应用科学、技术、规划与管理知识等科技支撑，应对自然灾害、事故灾难、公共卫生事件和社会安全事件等各类突发事件。应急管理实际上是面对突发事件和承灾体的灾害要素，进行预防与准备、监测与预警、处置与救援、恢复与重建的综合管理（如图 2.4 所示），以期在突发事件前，做好预防和准备，减少或消除突发事件发生造成的破坏；在突发事件过程中能够提前预警、处置和救援，进一步保护人民群众的生命和财产安全；在突发事件以后，能够有序开展恢复与重建，维护社会的公共安全秩序。

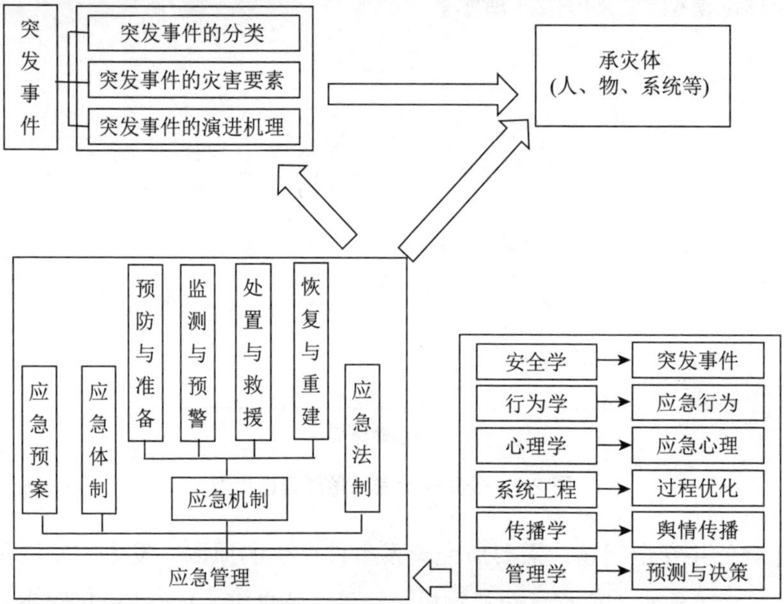


**图 2.4　应急管理的应用框架**

1. 预防与应急准备

面对突发事件的预防准备是指通过分析识别灾害要素的早期形态、特征与规模，采用恰当的技术手段防止灾害要素被触发或达到其临界值，从而防止突发事件的发生。基于对灾害要素突破临界值或被触发的模式和演化规律的认识，在突发事件发生后，尽可能短的时间内启动恰当的防控技术，从而抑制突发事件的规模和程度；面对承灾体的预防准备一方面是指采取恰当的技术手段降低承灾体的脆弱性，增强承灾体的抗灾能力；另一方面是指在承灾体受损初期阻止或减弱损伤发展趋势的临时应变措施。

2. 监测与预警

面向突发事件的监测监控一方面是对灾害要素的临界值和可能的触发要素进行监测监控，另一方面是对突发事件作用的类型、强度、时空特性进行监测监控。面对突发事件的预测预警是指基于对灾害要素引发突发事件的机理和规律的认识，结合相关监测信息，对事件发生的大致时间、地点、影响范围、程度等进行预测预警。基于对突发事件演化规律的认识，结合相关监测信息，在事件发生后的尽可能短的时间内对事件发生的时间、地点、影响范围、程度、可能的发生趋势等进行预测预警。面对承灾体的监测监控一方面是对承灾体在突发事件作用下的破坏方式和程度进行监测监控；另一方面是对承灾体蕴含的灾害要素被释放的可能性和释放强度进行监测监控。面向承灾体的预测预警是基于对承灾体在突发事件作用下的响应特征和规律的认识，结合相关监测信息，预测承灾体可能发生的失效或破坏的规模和程度，并进行预警；对承灾体的灾害要素被释放的可能性及其影响程度和范围进行预测和预警。

3. 应急处置与救援

面向突发事件的救援处置是指基于对突发事件机理和规律的认识，采取恰当的手段组织或减弱突发事件的作用，阻断或减少事件的次生衍生。基本手段大致可以分为进攻型、防御型、进攻－防御混合型三类。面向承灾体的救援处置是指基于对承灾体在突发事件作用下的破坏形式和规模的认识，采用恰当的方法阻止或减弱承灾体的破坏程度、阻断事件链。

4. 恢复与重建

面对突发事件的“恢复重建”是指采用技术手段对突发事件的发生发展过程进行再现，进一步了解事件规律、提高应对能力。面向承灾体的恢复重建是指评估承载体的破坏程度，采用科学的方法进行重建，力图在最短的时间内以最经济合理的方式恢复心理状态、自然和社会环境与秩序。

**（二）公共安全与应急管理研究的发展**

重大突发事件的情景构建理论是当前公共安全领域最前沿的科学问题之

一。基于重大突发事件的高度不确定性、巨大破坏力和处置极其困难等特点，其演变规律和应急准备工作显得非常困难。而情景构建的理论和方法是通过预先一个明确的目标，为开展应急准备工作提出一个有效的引导办法[①]。

情景分析法最早是由美国 Herman Kahn 提出来的，他认为事物发展的关键影响因素和路径是多样的，可以用一个个的情景来描述未来可能出现的结果及路径。20 世纪 70 年代，情景分析法在社会公共政策、企业战略规划等领域已经广泛应用。美国“9・11 事件”后，特别是近几年，国外对重大突发事件情景构建的研究取得了重大进展。美国等西方发达国家以“重大突发事件情景构建”为核心，以这些“假设肯定发生的事件”为引导，致力于提高国家应急准备的针对性和实效性，并形成了一系列新的公共安全理论和应急准备技术方法。

我国对情景分析法的研究起步较晚。国家自然科学基金委员会参照国外的研究成果，特别是结合我国针对国家公共安全与应急管理的重大需求，在 2009 年实施了“非常规突发事件应急管理研究”重大研究计划，开始从“预测—应对”模式[②]到“情景—应对”模式[③]的研究，致力于实现应急管理若干重点领域和重要方向的跨域发展，为我国应急管理实践提供科学支撑。在实践中，北京借鉴国内外经验进行了有益探索，在 2013 年开展了地铁遭受恐怖袭击、地震、洪涝等多个领域进行了情景构建工作，促进了城市的应急准备工作的发展。

## 三、智慧景区理论

智慧景区是基于新一代信息技术，为满足游客个性化需求，提供高品质、高满意度服务，而在旅游景区内对各种资源和信息进行系统化、集约化的管理变革[④]。可以这样认为，新一代信息技术是景区智慧的手段，景区智慧的途径是对景区内各种资源和信息进行管理，以达到服务游客的消费、出行和游

① 范维澄，闪淳昌等. 公共安全与应急管理［M］. 北京：科学出版社，2017.

② 郭世刚，张鹏，吴立志，等. 突发事件应急决策方法演变研究［J］. 中国公共安全（学术版），2018（03）：40–43.

③ 李仕明，刘娟娟，王博，等. 基于情景的非常规突发事件应急管理研究——“2009 突发事件应急管理论坛”综述［J］. 电子科技大学学报（社科版），2010，12（01）：1–3.

④ 张凌云. 旅游景区管理［M］. 北京：旅游教育出版社，2019.

览等诸多环节，提升景区的管理水平。

智慧景区是智慧地球、智慧城市、智慧旅游逐级具体的实践应用。2008年，美国国际商用机器公司（IBM）首次提出了“智慧地球”的概念和“智慧城市”的解决方案。而智慧旅游名词最早出现在21世纪初，当时的意义是指将可持续发展的理念体现在旅游服务链的各个环节。与现在智慧旅游意义相近的表述是2012年美国学者Molz对智慧旅游的定义，提出让移动数字技术更深度参与旅游活动。2010年，镇江市的智慧旅游项目建设得到了国家旅游局认可，随后国内开始建设智慧旅游城市试点，学术界也对智慧旅游的相关理论进行了梳理。2014年，国家旅游局将当年的旅游主题定为“美丽中国：智慧旅游年”，国内的智慧旅游城市、智慧景区建设得到广泛开展。

智慧景区的理论和实践是不断发展的。可以简单认为智慧景区是由信息感知、数据网络、应用系统等功能层次构成。信息感知主要是结合新一代技术，如RS、GIS、GPS、RFID、物联网和数据挖掘等技术，实现景区内不同数据的感知和获取，实现数据的收集和初步的处理；数据网络层主要包括互联网、移动通信和智能控制网络等，实现数据的传输和共享；常见的应用系统包括电子门禁、门户网站和电子商务、数字虚拟景区、游客互动体验、景区综合管理平台、视频监控、人流监控、电子地图、应急广播、应急处置系统等，为提升游客游览体验或景区管理水平提供基础支持。

## 四、景区客流管理相关理论

游客由于对地点倾向、资源偏好、旅游需求以及出行时间选择的不同，整体上景区在一定时间和区域内，会呈现出客流时空分布不均匀的现象，而这种客流的集聚或扩散运动也很早被学者和旅游管理者所关注。为提升景区内游客的旅游体验和安全管理，基于客流集聚和扩散现象的景区游览线路优化设计和景区时空分流导航管理等理论相继在实践中成熟起来。

### （一）景区游览线路优化设计理论

旅游线路包含旅游者、交通线、景点和旅游服务等不同要素，是指根据不同时间长度或者景点特色，使旅游者能够满足自己个性化需求，便捷地利用交通线路和相关服务设施等完成景区游览的线路。旅游线路优化设计是指充分发挥景区旅游资源特色，优化原有线路的旅游服务要素配置，实现游客、旅游组织机构或景区管理效益最大化的动态过程。

一条完整的景区游览线路至少要由景点和连接景点的路网两部分组成。原则上，景区内可以把不同的景点进行排列组合，通过已有的路网或建设新路网等形成不同的游览线路。实际上，景区的线路不仅要基于景区自身的资源禀赋，以特色景点为基础进行设计，更重要的是，根据考虑不同的对象和目标进行优化。如为满足游客的个性化游览需求、景区管理者对客流的疏导和引流等不同目标，设计景区出入口路程最短路线、3 个小时游览路线、亲子游览路线和景区特色路线等。所以，景区内游览线路设计看似简单，其实却是一个涉及面相当广泛的系统工程。

景区游览路线优化对景区客流疏导有重要促进作用。游客景点的客流过多会引起景区内局部超载，但游客在景区内游览路线的选择也与景区超载息息相关。在游客高峰时段，景区要在最大承载量范围内最大限度地接待游客，还要安全有效地分流游客。提供优化的最短游览时间路线促进游客在景区流转；引导游客向不同方向进行游览，让游客错峰去热门景点游览，能一定程度上缓解景区的拥堵。景区游览路径优化是增强游客游憩体验的重要途径，也对景区旅游的可持续发展有着重要的意义。

### （二）景区时空分流导航管理理论

游客高峰时段的景区内，各景点的客流在时间和空间上存在显著不均衡。现实中，景区内同一个景点，不同时间段的游客数量会明显不同；同一时间段内，景区内各景点人数也非常不均匀，热门景点的游客过度聚集，呈现景区局部超载状态。在热门景区游客高峰时段，通过门票预售、网络订票等客流可预测的情况下，如何对景区内游客合理分流，解决景区内部负荷不均衡现象是景区管理者亟须解决的问题。

景区时空分流导航管理是根据空间的相对静态性和时间的动态性原理，运用优化理论和方法设计出若干优化的游览线路，通过信息技术和智能调度系统对游客的分布进行分流导航的管理理论与技术[①]。其理论框架如图 2.5 所

① 郑天翔. 智慧景区游客时空分流导航管理——理论与应用［M］. 北京：中国旅游出版社，2017.

示；其主要依托 GPS、GIS、RS 等技术进行游客空间位置服务信息的收集和处理；依托系统论、控制论、信息论的方法对游客在时间和空间上进行科学的导航与分流。随着科学技术的发展，新的技术和方法会不断运用到时空分流导航管理中。

时空分流导航管理的内容包括空间分流、时间分流和时空流动。重点考察景区内客流的分布情况和超负荷景点，以此建立数学模型对景点负荷进行动态预测，结合车辆调度实现各景点的任务调度，进而达到景区内各景点负荷均衡[①]（图 2.5）。

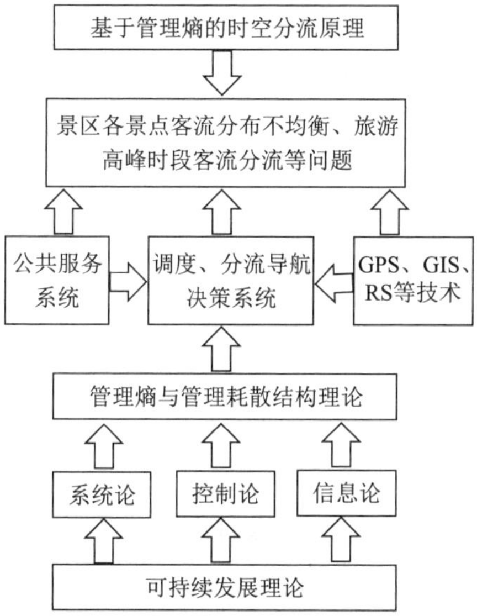


**图 2.5　时空分流导航管理的理论框架**

在景区尺度下，景区游览线路优化设计和时空分流导航管理最后都给游客提供游览线路，但两者有明显的不同：游览线路优化设计侧重于事前设计，而时空分流导航管理侧重于实时管理；游览线路优化设计是属于景区景观的线路规划和优化，而时空分流导航关注更多的是调控、引导等游客服务和景区管理等方向；游览线路优化设计关注游客旅游体验、路程或时间长短等问题，而时空分流导航关注客流控制、游客排队时间和环境承载力等问题。

① 冯刚，任佩瑜，戈鹏，等.基于管理熵与RFID的九寨沟游客高峰期“时空分流”导航管理模式研究［J］.旅游科学，2010，24（02）：7-17.

## 五、系统建模与仿真

“系统”一词由来已久，且作为专业术语已经广泛应用到各个领域。系统是按照某些规律结合起来、互相作用、互相依存的所有实体的集合或总和[①]。系统可能是自然的或人工的，也可能是现存的或者未来所计划的。模型是实际系统的抽象，通过对系统中有用特征的刻画、本质方面的表达，以各种有用的方式提供被研究系统的描述信息。模型可以分为物理模型、数学模型、仿真模型、概念模型等。物理模型是采用一定比例尺寸把真实系统的“样子”制作出来，如沙盘模型等；数学模型是用字母、数字或符号建立起来的公式、图表、图像及框图等来描述事物的特征及其内在联系的模型；仿真模型是用抽象后的条件来表征事物的特征，通过实验来了解真实事物的规律。

仿真是一种通过建立模型对客观系统进行实验研究的活动，现代仿真均基于计算机支持下进行，所以系统仿真也称为计算机仿真。系统仿真有三个要素：系统、模型和计算机，如图 2.6 所示。

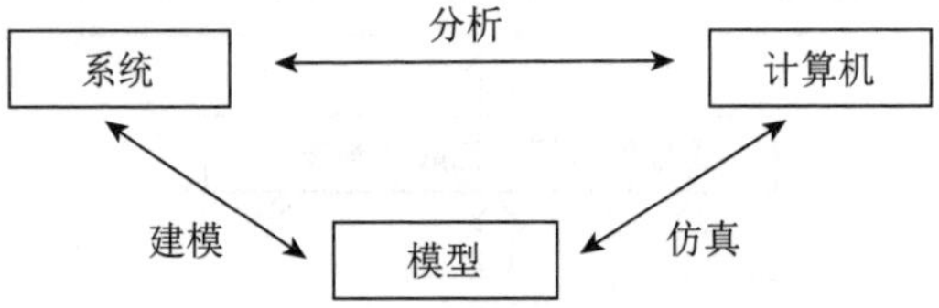


**图 2.6 系统建模与仿真的基本组成**

计算机技术对系统建模与仿真的发展提供了有力的工具和手段。从 20 世纪 40 年代计算机诞生以后，计算机仿真技术陆续由传统工业过程仿真发展到复杂系统仿真阶段。近年来，仿真的应用领域越来越广泛，从航空、航天、原子反应堆等价格昂贵、周期长、危险性大、现实中难以实现的领域，到社会、经济、交通运输和生态等非工程系统均有成功仿真的范例。系统仿真在系统分析、研究、设计、评价、决策和训练等方面的作用和效益十分明显。尤其是当面临的问题尚无成熟的系统理论可依，且不能用现实的实验手段解决时，仿真是一个可供选择的解决问题的途径。由于计算机仿真具有节省时间、节约资金、虚拟现实和规避风险等优点，系统建模与仿真已成为现代科

① 罗国勋，罗昕，蒋天颖，等．系统建模与仿真［M］．北京：高等教育出版社，2011.

学技术研究的主要内容之一。

系统建模与仿真把复杂系统或辅助问题在某一期间的行为建立数学模型并在计算机上运行，通过对所建模型在不同条件下的实验与结果分析，得出最佳的方案和行动方针。其研究步骤如图 2.7 所示①。

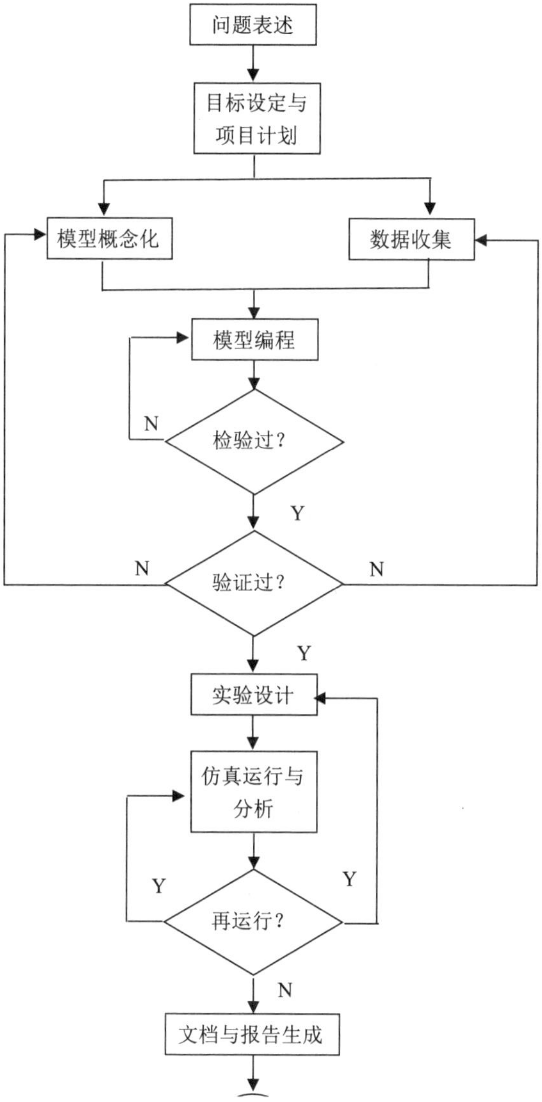


**图 2.7 系统建模与仿真的步骤**

① 罗国勋，罗昕，蒋天颖，等 . 系统建模与仿真［M］. 北京：高等教育出版社，2011.

从图 2.7 可知，系统仿真与建模的过程可分为以下四个阶段。第一阶段是明确问题，由问题描述、目标设定与项目计划组成；第二阶段是系统建模，包含模型概念化、数据收集、编程及模型检验。第三阶段是模型的运行与分析，包括实验设计、仿真运行与分析；第四阶段是实施阶段，包括文档与报告生成、方案实施。

## 六、决策理论与方法

在现代管理科学中，决策是决策分析的过程，即人们首先是依据经验、信息或专家系统等，获得不同的可行方案；然后通过科学的方法来进行验证、比较和评价，从中筛选出最优的方案，或者从最优的方案基础上，进行演练并进行适度的调整，直至实现管理目标，解决相关问题的过程。

### （一）决策理论

决策理论是将系统理论、运筹学、计算机科学等综合运用于管理决策问题，而形成的一门关于决策过程、准则、类型及方法的理论体系①。

自古以来，人类就通过决策在自然界求得生存，在社会生活中求得发展。近现代，很多学者都积极探索决策活动的规律，到 20 世纪 30 年代，决策理论已初具雏形，具有代表性的决策理论如表 2.1 所示。其中比较有影响的成果是美国著名经济与管理学家 H.A.Simon 提出的现代决策理论，在《决策与行政组织》和《行政行为——在行政组织中决策程序的研究》两部专著，他分别阐述了决策理论的轮廓和理论体系，并通过“管理就是决策”的表述，突出了决策在现代管理中的核心地位。

表 2.1　具有代表性的决策理论

| 理论分类 | 基本描述 | 代表人物 |
| --- | --- | --- |
| 完全理性决策论 | 决策者是具有最大限度的理性“经济人”，能为实现组织和个人目标而做出最优的选择 | 英国 J. 边沁、美国 F.W. 泰勒等 |
| 连续有限比较决策论 | 决策者具有有限理性，能在众多方案中优选出的满意的方案 | 美国 H.A.Simon |

① 伍建民 . 决策理论和方法在科技创新中的应用［J］. 科学决策，2015（10）：7–16.

续表

| 理论分类 | 基本描述 | 代表人物 |
| --- | --- | --- |
| 理性和组织决策论 | 承认决策者理性的存在，认为人的理性须借助组织目标及其分工，明确自己的工作，进而了解行动方案 | 美国 J. 马奇 |
| 现实渐进决策论 | 决策者会根据所面临的现实，其决策做出渐进的改变 | 美国 C.E. 林德布洛姆 |
| 非理性决策论 | 决策者会在很大程度上受潜意识的支配，决策受决策者个人判断的影响 | 奥地利 S. 弗洛伊德等 |

不同决策理论的观点有很大区别，但也有共性，如它们均突出了决策在管理中的地位、强调决策者在决策过程中的作用等。为了便于研究决策的特点和规律，学者们从不同角度对决策进行分类，常见的有：组织决策和个人决策；非程序化决策和程序化决策；确定型决策和非确定型决策；单项决策和序贯决策；单目标决策和多目标决策；定性决策和定量决策等①。

### （二）决策方法

现代决策方法概括起来有定性决策方法、定量决策方法和综合决策方法三类②，具体内容见表 2.2 所示。

**表 2.2　具有代表性的决策方法**

| 方法分类 | 表现形式 | 常见的具体方法 |
| --- | --- | --- |
| 定性决策 | 主观决策法，依靠决策者或有关专家的经验或智慧进行决策 | 专家会议法、头脑风暴法、Delphi 法等 |
| 定量决策 | 通过量化和数学模拟分析进行决策 | 风险型决策方法：决策树法；<br>确定型决策方法：线性规划、库存论、排队论、盈亏平衡分析法等；非确定型决策方法 |
| 综合决策 | 通过数学模型和定性分析进行综合决策 | 定性分析和定量分析相结合 |

决策分析包括决策者、决策目标、决策方案、自然状态、决策结果和决策准则六个基本要素。通常，科学的决策过程由分析问题、确定目标、拟定方案、方案选择、决策执行与调整五部分组成，如图 2.8 所示。

①② 郭立夫，郭文强，李北伟 . 决策理论与方法［M］. 北京：高等教育出版社，2015.

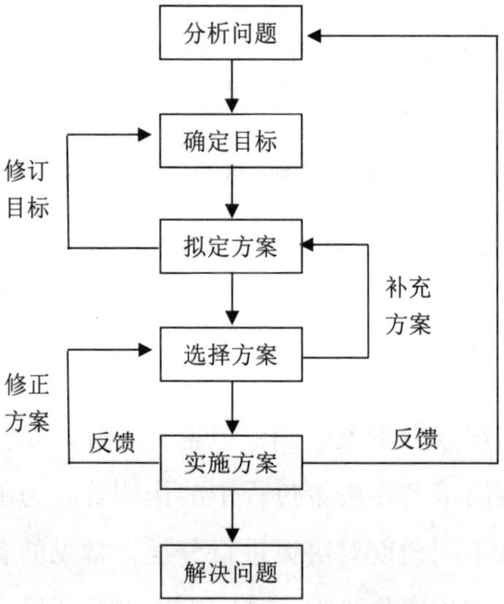


**图 2.8　决策分析的基本步骤**

# 第三节　本章小结

本章通过对旅游应急管理和景区旅游流两个方面的文献梳理和研究，发现旅游流的研究多集中在大尺度的客流研究，而对于景区尺度的客流研究明显不足。景区客流安全管理研究多集中在旅游应急管理体系框架下的内容分析，缺乏管理理论的持续创新；特别是非常规突发事件应急管理研究是目前公共安全领域研究的热点和前沿问题，但学界还未对景区的突发事件进行阶段划分，景区的非常规突发事件研究还未受到关注。景区客流调控研究集中在如何促进景区内各景点的负荷均衡或减少游客景点的排队时间等问题。景区客流调控预案多是基于行业应用实践的经验总结，而对于在如何有效解决景区内拥堵或局部超载的客流调控难题几乎很少涉及，是研究的薄弱环节。所以解决景区游客高峰时段的景区客流安全管理与客流调控问题，能弥补目前景区客流安全管理理论和实践方面的不足，值得重点研究。

本章还阐述研究过程中所涉及的相关概念，并从公共安全与应急管理理论、智慧景区理论、景区游览线路优化设计、景区时空分流导航管理理论、系统建模与仿真、决策理论与方法六个方面，对本书研究的理论基础、实践基础和技术方法进行简要论述，为科学问题的深入研究提供了理论支撑。



## ［案例资料］

### 景区游客高峰时段应对规范①

1 范围

本标准规定了景区游客高峰时段应对的总则、应对等级、基本要求及应对要求。

本标准适用于各类景区。

2 规范性引用文件

下列文件对于本文件的应用是必不可少的。凡是注日期的引用文件，仅注日期的版本适用于本文件；凡是不注日期的引用文件，其最新版本（包括所有的修改单）适用于本文件。

GB 5768—2009 道路交通标志和标线

GB/T 10001.1 公共信息图形符号 第 1 部分：通用符号

GB/T 10001.2 标志用公共信息图形符号 第 2 部分：旅游休闲符号

GB/T 18973 旅游厕所质量等级的划分与评定

GB/T 26355 旅游景区服务指南

3 术语与定义

下列术语和定义适用于本文件。

3.1 日最大承载量 dailycarrying capacity of scenic area

在保障游客人身安全、旅游设施设备和旅游资源环境安全的前提下，景区日开放时间内能够容纳的最大游客数量。

3.2 游客高峰时段 peak hours

景区内游客数量达到或超过景区主管部门核定的日最大承载量百分之八十的时段。

4 基本要求

4.1 景区应建立游客高峰时段应急管理体系和信息管理系统。

① LB/T068-2017，景区游客高峰时段应对规范［S］.

4.2 景区游客高峰时段应急管理体系宜纳入地方政府应急管理体系中，建立对接机制，确保工作顺畅。

4.3 景区信息管理系统宜纳入地方政府信息管理平台中，提供准确、及时、全面的信息。

4.4 景区应公布景区主管部门核定的景区日最大承载量，制定并定期演练游客高峰时段分级应急预案。

4.5 景区应做好游客高峰时段应对准备工作。

5 应对等级

5.1 根据景区内游客量达到或超过景区主管部门核定的日最大承载量的百分比，将游客高峰时段应对等级分为一级、二级和三级，分别用红色、橙色和黄色标示，一级为最高级别。

5.2 三级指景区内游客数量达到景区主管部门核定的日最大承载量的80%及以上，用黄色标示。

5.3 二级指景区内游客数量达到景区主管部门核定的日最大承载量的90%及以上，用橙色标示。

5.4 一级指景区内游客数量达到景区主管部门核定的日最大承载量的95%及以上，用红色标示。

6 具体要求

6.1 组织管理

6.1.1 景区应成立应急指挥机构，宜在地方政府应急指挥机构统一领导下开展工作。

6.1.2 景区宜按照景区主管部门和地方政府要求与安排，配合公安、消防、医疗、卫生、环保等相关部门，构建应急管理系统。

6.1.3 景区宜建立健全联席会议制度，及时通报情况、分析研判形势、安排部署工作、协调解决问题，同时参加政府组织的联席会议。

6.1.4 景区应聘请突发事件处理等方面的专家，提供应急管理决策咨询，并开展应急能力培训。

6.1.5 景区应根据实际需要调整售（检）票窗口数量和售（检）票时间，适当控制游客等候时间。

6.1.6 景区应采取网络预约、电话预约等多种售票方式有效控制景区接待的游客数量和接待时间。

6.1.7 景区应制定科学的游客分流方案和游览疏导路线。

6.1.8 景区主要游览点、游客密集地段应安排专门人员负责秩序维护、游客疏导和安全应急等事宜。

6.1.9 景区应组织有关部门加大对经营场所的监管力度，确保高峰时段经营场所运营正常。

6.2 设施设备

6.2.1 景区应配置安全、救援等应急设施设备，定期检查，确保高峰时段能正常启用。

6.2.2 景区应对用于高峰时段应急处理的特种设备加强维护和保养。

6.2.3 景区应配合政府相关部门分别在景区内外主要游客集散点配置信息采集、信息咨询、线路指引、紧急救助、通信调度、交通换乘等设施设备。

6.2.4 景区游客高峰时段增设的导向标识，宜按 GB/T 10001.1 和 GB/T 10001.2 建设。

6.2.5 景区游客高峰时段增设的临时停车场所，宜按 GB 5768.1—2009 建设。

6.2.6 景区游客高峰时段增设的临时厕所，宜按 GB/T 18973 建设。

6.3 信息管理

6.3.1 景区宜配合政府相关部门利用高速公路、港口、机场、车站、景区出入口等景区内外游客通道及游客集散点的信息显示屏，加强信息发布。

6.3.2 景区宜开设（增设）旅游在线咨询服务，提前发布门票预订（售）、出游提示、游览预警、票价调整等信息。

6.3.3 景区宜通过大数据等技术手段对游客流量进行预测，实行分级管理，为应对预案的启动提供准确依据。

6.3.4 景区宜采用票务门禁系统、景区一卡通联动系统、景点实时监控系统等技术手段，做好景区游客分布监测。

6.3.5 景区出现紧急重大事件，应立即向地方政府相关部门汇报。

6.3.6 景区游客高峰时段所有数据、资料应按规范留存、备查。

6.4 人员保障

6.4.1 景区应有人力资源储备，能够依据分级应对要求为各部门或岗位配备足够的人力。

6.4.2 应急预案启动，景区工作人员应按规定到岗，实施应急方案。

6.4.3 景区工作人员的服务应符合 GB/T 26355 规定。

6.5 资金保障

6.5.1 景区应保证用于游客高峰时段应急所需的资金，用于高峰时段应急所需的设施设备、应急演练、突发事件处置等。

6.6 物资保障

6.6.1 景区应根据实际情况，储备能满足高峰时段应对所需的物资。

6.6.2 在应对突发事件过程中，当储备物资不能满足需要时，景区应急指挥机构应向地方政府提出申请，争取政府应急物资支持。

7 应对要求

7.1 三级（黄色）应对要求

7.1.1 景区应启动黄色应急预案，进入应对准备状态。

7.1.2 应急指挥机构应由景区主导，履行值守应急、信息汇总和综合协调职责，并由分区应急协调小组负责现场的应急处理工作。

7.1.3 景区应实时监测客流，进行数据研判与预测预警。

7.1.4 景区应向区内游客公布客流量状况及应对办法，引导游客合理选择景点和游览道路。

7.1.5 景区所有游客通道应全部开放。

7.1.6 景区应增设临时接待服务点或志愿者服务站，加强景区内主要游客集散点的疏导工作。

7.1.7 景区宜增调车辆，保障所需。

7.1.8 景区应增设临时医疗急救服务站，配备专业人员及相应设施设备。

7.1.9 景区应增设现场投诉受理点，快速有效处理游客投诉。

7.1.10 出现紧急事件，应急所需物资、设备、工具应迅速调集到位，并及时采取措施应对。

7.1.11 应急指挥机构应在综合分析各方面信息的基础上，适时宣布终止预案。

7.2 二级（橙色）应对要求

7.2.1 景区应在满足三级（黄色）应对规范的基础上，启动橙色应急预案。

7.2.2 应急指挥机构应由主管部门主导，景区配合政府相关部门共同履行值守应急、现场处置、信息汇总和综合管理协调职责。

7.2.3 景区应向区内及周边游客公布客流量状况及应对办法，配合交管部门启动游客分流工作。

7.2.4 景区应加强信息发布、信息汇总及处理，及时向主管部门报送统计信息。

7.2.5 景区宜有针对性地启动交通运力动态调整预案，协调相关部门通过周边道路管控、区内停车控制、车辆调度控制等措施引导客流。

7.2.6 景区宜启用临时停车场所，停车场根据需要增加工作人员，保证车辆进出及停放有序。

7.2.7 景区应启动售票、检票控制方案，调控进入景区的游客数量。

7.2.8 景区应合理设计游客排队等候的方式和途径。

7.2.9 景区应通过分时入园、区内道路单向通行等方式，控制景区内游客数量、引导游览秩序。

7.2.10 景区宜根据需要增设临时服务点，提供基础医疗、投诉受理及信息咨询等服务。

7.2.11 景区宜启用临时厕所，满足游客需求，缩短游客排队如厕时间。

7.2.12 应急指挥机构应在综合分析各方面信息的基础上，适时宣布终止预案。

7.3 一级（红色）应对要求

7.3.1 景区应在满足二级（橙色）应对规范的基础上，启动红色应急预案，向地方政府报告，并向社会公告。

7.3.2 应急指挥机构应配合政府相关部门履行值守应急、现场处置、信息汇总和综合协调职责。

7.3.3 景区应向旅游地游客公布客流量状况及应对办法，配合交管部门启动游客分流、限流工作。

7.3.4 景区应根据情况及时增调人员应对，引导当地群众参与保障工作。

7.3.5 景区应配合交通管理部门，对景区外围重点区域和路段及时采取分流、疏堵、限入、劝返、单循环等交通管制措施，保障道路通畅。

7.3.6 景区内重点区域和点位应采取分流、限行、单向通行等措施，在险要、易拥堵路段安排专人从事引导和疏散工作，确保游客游览安全。

7.3.7 景区应启用景区备用进出口。

7.3.8 出现游客滞留时，景区应做好游客的服务和安抚工作。

7.3.9 景区游客量接近或达日最大承载量时，应启动限流方案，做好限流工作。

7.3.10 景区内游客数量达到日最大承载量时，应立即停止售票，向游客发布告示，做好解释和疏导等相关工作。

7.3.11 应急指挥机构应在综合分析各方面信息的基础上，适时宣布终止预案。

## 参考文献

[1] GB/T 17775—2003 旅游景区质量等级的划分与评定

[2] LB/T 011—2011 景区游客中心设置与服务规范

[3] LB/T 013—2011 景区公共信息导向系统设置规范

[4] LB/T 034—2014 景区最大承载量核定导则

[5]《中华人民共和国旅游法》第十二届全国人大常委会 2013 年 4 月 25 日 中华人民共和国主席令第 3 号

[6]《中华人民共和国突发事件应对法》第十届全国人大常委会 2007 年 8 月 30 日 中华人民共和国主席令第 69 号

# 第三章　景区客流安全管理的理论建构

景区旅游发展的不充分不平衡，主要体现在优质的旅游资源供给有待加强。特别是在节假日，旅游资源相对匮乏更加明显，国内优质景区经常游客爆满，出现“井喷”现象，并时有游客安全事故发生。2014 年 12 月 31 日的上海外滩踩踏事件和 2020 年 10 月 1 日的太原市台骀山景区火灾事件等，均使游客的人身财产受到严重损害，在社会上产生很大的影响。

充足的优质景区资源供给很难在短期内解决，但有效的景区安全管理却能提升游客的安全旅游体验。目前，在景区客流安全管理方面：一是学界持续开展基于客体、主体和实践支撑体系为内容的旅游应急管理理论研究。二是旅游管理部门和景区在理论指导下，进行旅游应急预案和应急体制、机制、法制（简称“一案三制”）等实践支撑体系建设[①]。除了《中华人民共和国旅游法》《中华人民共和国突发事件应对法》等法律文件外，旅游主管部门发布的《景区最大承载量核定导则》也对景区的旅游实践具有重要指导意义，而《景区游客高峰时段应对规范》则是其特定情景下的拓展应用。现有理论研究和实践活动的内容，综合起来搭建了景区的客流安全管理体系和实践规范；而对于实践规范中提到的“特殊预案”[②]——特殊情况下的客流应急调控预案，却没有给出具体指导意见，这是亟待探索的问题。

① 谢朝武 . 旅游应急管理［M］. 北京：中国旅游出版社，2018.

② LB/T 034-2014，景区最大承载量核定导则［S］.

本章采用系统的视角，基于公共安全与应急管理理论、系统建模与仿真等相关理论，对景区游客高峰时段的客流安全与应急调控问题进行描述，通过分析科学问题的内涵与外延，发现问题的本质，以抽取相关的特征来进行刻画和表达问题，进而开展深入的科学研究。也就是对景区进行了系统性的抽象，重点关注景区的突发事件、承灾体（景区客流和景区设施）和应急管理三个主体，以及三个主体之间的“灾害要素”；并着重分析当前景区应急管理体系和客流调控的内容。以期全面了解景区客流安全管理和应急调控的工作基础和问题内涵，为景区客流应急调控奠定理论基础和依据。

## 第一节　景区的再认识

### 一、景区的系统视角

旅游景区是旅游者出游的主要目的地，但长期以来学术界对景区的概念界定并没有形成一致意见。张凌云列举了国外、国内旅游学术界对景区有代表性的观点各10种，发现国外理论界对旅游景区的定义无法统一[①]，无论是广义还是狭义的定义在外延上都不够周全；国内的研究观点集中概念性的解释和说明，虽在内容上的侧重点不同，但基本含义大同小异。

系统视角审视景区内涵的文献和观点非常少，且均不深入。可查的研究学者和观点主要有:（1）景区系统是旅游者、开发管理者、景观和景观信息的统一体（麦克仟纳，1976），这被视为较早的景区系统四要素观;（2）旅游景区是旅游者（人的要素）、核心吸引物和景区整合者的有机结合（利铂，1990）;（3）旅游景区构成层次可分为意识层（描述性）、组织层（标准性）和认知层（游客的认同感），其实是将资源陈列、经营管理和游客体验进行统一（佩奇，1995）。

本书基于研究的需要，认为景区系统是由旅游者、核心吸引物、景区设施和景区管理者四个要素组成的功能系统，如图 3.1 所示。

① 张凌云 . 旅游景区管理［M］. 北京：旅游教育出版社，2019.

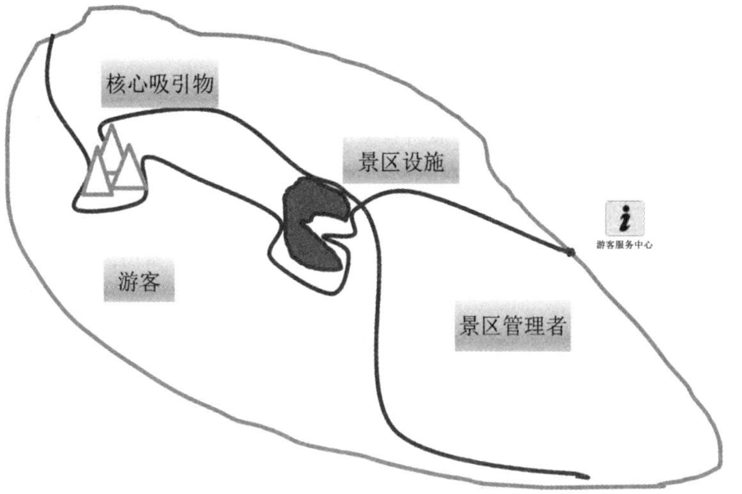


图 3.1　景区系统概念图

结合公共安全三角形理论模型[①]，景区客流安全管理属于公共安全管理，其内涵对应的三条主线分别是：景区内的突发事件；景区承灾体，即旅游者、景区设施和核心吸引物；景区应急管理，即景区应急管理系统。那么，本书的研究问题可以描述为：通过分析景区客流突发事件发生时，基于景区道路的疏散行为及演化过程，景区管理者如何通过景区内软硬件设施，有序开展应急管理机制中的任务内容，实现应急管理阶段对客流的调控与决策。

基于景区客流安全管理与应急调控研究的需要，本章是从系统的视角对景区有用的特征和本质内容进行描述，如突发事件、游客与客流的行为、景区路网与软硬件设施、景区的应急管理等，并对这些内容进行重点分析。而对研究过程中必要但非重点内容则进行简化处理，如景区的分类、突发事件的类别等，做必要的阐述但不做具体详尽的研究。

## 二、景区的分类

基于旅游景区纷繁复杂的定义，景区的分类也很难有统一的界定。从不同的角度出发，会得到不同的分类结果。本书列举了常见的三种景区分类方

① 范维澄，闪淳昌等. 公共安全与应急管理［M］. 北京：科学出版社，2017.

法：按照景区主要旅游资源的类型、景区的主导功能和景区的质量等级。具体内容见表 3.1①。

**表 3.1　旅游景区常见的分类方法**

| 分类依据 | 分类类别 | 亚类 | 典型景区 |
| --- | --- | --- | --- |
| 主要旅游资源的类型 | 自然类旅游景区 | 山地型、森林型、水景型、洞穴型以及综合型自然旅游景区等 | 黄山、西湖、九寨沟以及尼亚加拉大瀑布等 |
| | 人文类旅游景区 | 历史文化名城、古代工程建筑、古代宗教、古代园林以及综合型人文景区 | 故宫、颐和园、八达岭、卢浮宫等 |
| | 复合类旅游景区 | 无 | 宗教旅游胜地五台山、峨眉山、九华山等 |
| | 主题公园类旅游景区 | 无 | 深圳华侨城、北京世界公园、迪士尼乐园等 |
| | 社会类旅游景区 | 无 | 各种工业旅游园区、生态农业旅游园区等 |
| 主导功能 | 观光类旅游景区 | 无 | 九寨沟、张家界等 |
| | 度假类旅游景区 | 无 | 昆明滇池、夏威夷等 |
| | 科考类旅游景区 | 无 | 各类地质公园、三星堆古文化遗址等 |
| | 游乐类旅游景区 | 无 | 上海迪士尼乐园等 |
| 质量等级 | A 级 | 无 | 略 |
| | AA 级 | 无 | 略 |
| | AAA 级 | 无 | 略 |
| | AAAA 级 | 无 | 北海公园、香山公园等 |
| | AAAAA 级 | 无 | 故宫、颐和园等 |

按照景区主要旅游资源的类型可分为自然类、人文类、复合类、主题公

① 马勇，李玺 . 旅游景区管理［M］. 北京：中国旅游出版社，2006.

园和社会类旅游景区[1]。

按照景区的主导功能可分为观光类、度假类、科考类和游乐类旅游景区。

按照国家标准《旅游景区质量等级的划分与评定》(GB/T 17775—2003)对国内旅游景区还可以进行等级划分，如 5A、4A、3A、2A 和 1A 级景区[2]。旅游高峰时段的游客更多是集聚在 5A、4A 等质量等级评定较高的景区，所以国务院办公厅在 2019 年印发的《关于进一步激发文化和旅游消费潜力的意见》中，也重点关注了 5A 级国有景区，并要求其在 2022 年前全面推行门票预约制度。

无论以什么标准对景区进行分类，这些分类都不是绝对的，有些内容是互相交叉重叠的。同时，景区的类型也不是一成不变的，如对某些景区的主题改造就可能改变景区的性质或类别归属。



## 第二节 景区的突发事件

### 一、景区突发事件的分类与成因

景区突发事件是景区应急管理的客体，所以景区客流安全管理需要了解不同景区常见的突发事件类型与成因。根据国家旅游局发布的《旅游突发公共事件应急预案》，旅游突发公共事件可以划分为自然灾害、事故灾难、突发公共卫生事件和社会安全事件四种基本类型。对照景区的社会实践，我们对景区内常见的突发事件类型与成因进行总结，详见表 3.2。

**表 3.2 旅游景区突发公共事件的分类**

| 突发事件类型 | 事故亚类 | 常发生的景区类型 | 成因与表现 |
| --- | --- | --- | --- |
| 自然灾害 | 地质地貌灾害 | 自然类旅游景区 | 地震、火山活动、泥石流、山体滑坡等因地质地貌发生灾变引起的灾害 |
| | 气象灾害 | 自然类旅游景区 | 台风、暴风雪、风沙、暴雨、酷暑、严寒等因气象气候发生引起的灾害 |
| | 其他自然灾害 | 山地型旅游景区 | 缺氧、极端气温等诸多因素引起的自然灾害 |

① 马勇，李玺 . 旅游景区管理［M］. 北京：中国旅游出版社，2006.

② GB/T 17775—2003，旅游景区质量等级的划分与评定［S］.

续表

| 突发事件类型 | 事故亚类 | 常发生的景区类型 | 成因与表现 |
| --- | --- | --- | --- |
| 事故灾难 | 道路交通事故 | 所有景区 | 公路、水运等重大交通运输事故 |
| | 火灾事故 | 所有景区 | 由于古建筑、山区等景区资源火灾造成的灾难事故 |
| | 涉水事故 | 水景型旅游景区 | 游轮、海滩等景区水体中的安全事故 |
| | 缆车、设备事故 | 山地型、主题公园类 | 由于缆车索道、游乐园游乐设备引发的灾难事故 |
| | 动物袭击 | 山地型、森林型 | 老虎、大象等大型动物对旅游者带来的伤害与威胁 |
| | 其他意外事故 | 所有景区 | 除了上述事故外，其他一些特殊、意外的突发性事件 |
| 突发公共卫生事件 | 疾病、食物中毒 | 针对性不强 | 因旅游异地性导致“水土不服”、食品卫生或旧疾引发的事故 |
| | 流行性疾病 | 针对性不强 | 传染性疾病在游客中间发作产生危害（如疟疾、2003 年非典型肺炎、2019 年新型冠状病毒肺炎） |
| 突发社会安全事件 | 人群事故 | 所有景区 | 由于人群过度拥挤踩踏、火灾或建筑物倒塌等造成人员伤亡的突发事件（如黄金周期间、节庆活动的景区等） |
| | 犯罪 | 所有景区 | 恐怖袭击、抢劫、凶杀、自杀等造成游客生命安全突发事件 |

由表 3.2 的内容可以看出，在旅游业面对的突发事件中，旅游景区中经常发生的是自然灾害、事故灾难和社会安全事件三种突发事件。

不同景区突发事件的成因总是不尽相同的，但具体上看，景区突发事件主要成因来源包括因自然和社会环境而造成的景区环境因素；因游客自身和景区员工行为而造成的人员因素；因设施设备老化、技术故障或错误操作而造成的设施设备因素；因不科学、不完善的安全应急管理而造成的景区管理因素等。

本书在上述突发事件的基础上，将非常规突发事件引入旅游景区的突发事件分类里，即景区突发事件，可以划分为一般突发事件（简称突发事件）和非常规突发事件。

## 二、景区突发事件的特点

由于旅游业的自身特点，旅游景区突发事件也有其自身的特征①。主要表现为以下几点。

1. 广泛性

景区内几乎涵盖了旅游活动中“吃、住、行、游、购、娱”各个要素，而在各个要素中都存在着旅游安全隐患和问题，也在现实中多次发生过，所以突发事件广泛存在于景区的旅游活动中。

2. 巨大性

景区突发事件会造成巨大的危害和破坏。旅游者不仅会遭受财产损失，甚至生命都会遭到威胁；景区的核心吸引物、设施设备或者景区的环境也会遭到破坏，严重时会影响当地旅游企业的发展，甚至使国家的形象和声誉受损。

3. 复杂性

旅游景区是提供给游客开放性展开旅游活动的区域，所以其景区内的突发事件有高度的复杂性，除了防火、防盗和食物中毒外，还要防止各种自然和人为造成的突发事件。

4. 特殊性

旅游者在旅游过程中，追求精神的愉悦与放松，常常对安全防范有所放松。因此，景区内的突发事件对游客行为产生的影响往往与其他行业安全问题不同，有其特殊性。

5. 突发性

旅游活动中的各种安全问题，往往有较强的突发性，例如，在景区游客高峰时段的火灾或者谣言等，都可能在极短的时间内，产生巨大的破坏性。因此，旅游企业、旅游从业人员及相关旅游管理部门要做好各种应急的准备，以应对景区内突发事件的发生。

① 佟瑞鹏，李春旭. 旅游景区事故应急管理与预案编制［M］. 北京：中国劳动社会保障出版社，2015.

## 三、景区突发事件的影响

1. 景区旅游人数和收入减少

事实证明，旅游业面对灾难非常脆弱，如美国“9·11事件”、中国“非典”疫情、2019年新型冠状病毒肺炎等都对当地的旅游市场有着巨大的冲击。相应的，旅游景区的突发事件也会对景区造成明显的冲击，直接表现为景区的旅游者数量会非常规性地减少，如“5·12汶川特大地震”后周边景区的旅游人数明显少于往年。伴随着景区旅游人数的减少，景区旅游收入也会明显减少，有时会影响部分景区的生存。

2. 旅游资源破坏

景区遇到地震、火灾等突发事件发生时，景区的核心吸引物和景区设施可能会遭到破坏，甚至是毁灭性摧毁。如2017年8月8日，四川九寨沟发生7.0级地震，地震以及发生的泥石流和山体滑坡等对九寨沟造成较大程度的毁坏；2004年6月20日，北京市西城区护国寺西配殿发生火灾，经历了700多年历史的古殿被烧得面目全非。

3. 旅游地形象受损

旅游景区的突发事件本身往往具有发生的偶然性和较短的时效性，对旅游经济的直接影响也许并不严重，但如果处理不当可能会产生严重的后果，使旅游地形象受损，进而对当地旅游经济产生长期的负面影响。

# 第三节　景区游客游憩行为

游客是旅游景区的主要服务对象，也是景区应急管理的主要承灾体。游客游憩是能够带给游客生理和心理上愉悦的旅游活动，而游客在景区内的生命和财产安全是游憩行为的基础保障。景区的安全需要多方的共同努力来保证，在通常情况下，人为因素构成了影响景区安全的主要原因，所以游客游憩行为应该得到景区管理者的高度重视。

游客从进入景区到离开景区的整个过程，都属于游客在景区内的游憩行为。游憩行为的分析可以分为两个层面：游客个人的游憩行为和景区客流的集聚与扩散。前者是关注游客个人的游憩行为，分析个人游憩行为的影响因子；后者是关注景区客流整体上的规模和流向，分析客流的时间分布、空间分布和时空行为规律。

## 一、游客个人游憩行为

研究发现，游客游憩行为受到游客的心理、气质、年龄、教育程度等诸多方面因素的影响①，详见表3.3。分析这些影响因子有助于景区管理者识别游客游憩行为特征、预测游客可能的行为方式，以便实施相应措施控制游客的行为。

表 3.3　游客个人游憩行为的影响因素

| 因素 | 分类 | 具体表现 |
| --- | --- | --- |
| 游客心理 | 好奇心理 | 好奇心峰值时，较为兴奋，容易产生不理智和不文明行为；<br>好奇心低谷时，体力或注意力较差，容易引发安全事故 |
| | 占有心理 | 面对全新环境或景观，部分游客有意无意地对景区内资源或环境造成破坏 |
| | 从众心理 | 盲目跟风可能会造成景区局部人满为患或景区不提倡的行为屡禁不止 |
| | 逆反心理 | “明知山有虎，偏向虎山行”，无视景区警示牌，探险或猎奇造成人身安全事故 |
| 游客气质 | 多血质 | 情绪的表现非常不稳定、情感易变且发展迅速，思维和语言敏捷、性格活泼多动。在旅游过程中兴趣广泛而强烈，活动效率较高，易有过激行为和冒险行为 |
| | 黏液质 | 情感发生缓慢、平静，动作迟缓、稳重且易于抑制。在旅游过程中自我克制能力较强，行为较为保守，一般都遵循规章制度，较少出现超越景区规则的行为 |
| | 胆汁质 | 情感发生较为迅速、强烈，脾气急躁。在旅游过程中有明显的周期性特点，兴趣高涨时易极富热情；丧失兴趣时，情绪低落，易感情用事，出现暴躁行为 |
| | 抑郁质 | 情感体验深而持久、动作迟缓无力。在旅游过程中，性格较为随和、求稳不求快，多数表现为循规蹈矩且略为刻板，能较好遵守景区游客行为规范 |

① 马勇，李玺．旅游景区管理［M］．北京：中国旅游出版社，2006.

续表

| 因素 | 分类 | 具体表现 |
|---|---|---|
| 游客年龄 | 青少年 | 好奇心强、精力充沛，富有挑战精神，比较喜欢冒险。在旅游过程中，自制力较差，容易违反景区内的游客行为守则和安全规则，做出危险行为 |
| | 中年 | 能够较好地自我控制，行为以稳重为主，较强的自我意识让其在旅游过程中容易固执己见 |
| | 老年 | 好奇心较强、精力不足，行动较迟缓。在景区旅游过程中，容易受到体力或精力限制出现意外情况 |
| 其他因素 | 受教育程度 | 通常情况下，受教育程度越高，游客行为文明程度也较高 |
| | 个人生活习惯、客源地等 | 有良好成长社会环境及个人习惯的游客，行为更符合景区规范 |

通过对上述游客游憩行为影响因素的分析可以看出，游客的心理对于其行为具有决定性作用，往往是游客的主要动力来源；游客年龄直接影响到游客的心理和生理特征，进而与其游憩行为密切相关；游客个人气质、游客的受教育程度、客源地的社会环境和个人习惯等因素，通常来说与游客游憩行为也密切相关。实际中，对于景区管理者而言，由于游客的心理、个人气质、受教育程度以及个人习惯等因素的显性特征不突出，这些影响因子对游客的游憩行为不易被识别和预测。反而，游客年龄因素特征明显，且容易获取相关数据，是管理者应该重点关注的游客行为影响因子。

## 二、景区客流的特征

为了能对景区内游客实现合理的组织，减少景区内游客安全事件的发生，景区管理者不仅要了解游客个人游憩行为及其影响因子，还要掌握景区客流的规模和流向特征，以期实现对景区内的游客统筹管理。景区客流特征可以从时间分布、空间分布和时空行为流动规律三个方面描述①。

① 郑天翔. 智慧景区游客时空分流导航管理——理论与应用［M］. 北京：中国旅游出版社，2017.

### （一）景区客流特征的时间分布

关于景区客流量的时间分布特征，很多文献针对热门景区做了实证研究。总体上，不同景区客流量分布特征不同；景区客流量在年、季、月、周和日的时间维度上，也受到不同群体休假政策等因素影响；“十一”“五一”等法定假期以及暑假是国内景区游客接待的高峰期。如 2018 年“十一”国庆节 7 日内的游客量，约占全年国内旅游人次 13.11%[①]（见表 3.4）。

表 3.4 景区客流特征的时间分布

| 时间分布 | 分布描述 |
|---|---|
| 年际变化 | 各类景区客流年际变化规律各不相同，容易受外在因素影响。如“非典”疫情等 |
| 年内变化 | 主要受天气与气候舒适度、工作与休假制度、产品与市场结构、典型事件与节庆活动等影响。呈现“单峰型”“双峰型”“三峰型”等特征 |
| 季节性变化 | 各景区每年的变化基本相似，有明显规律性。通常受自然因素和公共假期等社会因素影响，呈现“淡季”“旺季”等特征 |
| 月度变化 | 各景区每年的变化基本相似，有明显规律性。受季节性推移和假期的影响，呈现部分月份为客流高峰 |
| 月内、周内变化 | 与法定节假日和周末密切相关。无黄金周的普通月份，周末为高峰期、工作日为低谷期 |
| 日内变化 | 各景区不同。如大多数主题公园客流日内分布呈双峰型等 |
| 法定节假日 | 黄金周日客流量比其他日客流量显著增加；黄金周日客流高峰一般集中在第二至第四天。如每年“十一”“五一”等假日 |

### （二）景区客流特征的空间分布

很多学者针对不同景区研究了游客的空间分布，结论一致认为：旅游高峰时段，在景区整体游客密度适宜，总量没有超过最大承载量的情况下，景区内游客的空间分布极不平衡，同一时间不同景点游客量差异较大。部分景点未达到饱和，而景区内的热门景点极化效应明显，其客流量远超其瞬时最大承载量，出现景区局部饱和与超载现象[②]。

---

① 新华社．国庆假期全国共接待国内游客 7.26 亿人次［EB/OL］. http：//www.gov.cn/xinwen/2018-10/08/content_5328493.htm#1.

② 陈云川，邱萍，何文俊，等．景区游客高峰时段管理理论与实践［M］．北京：中国旅游出版社，2018.

景点的分布情况与景区客流的空间分布有着密切的联系，也会一定程度上影响客流在景区的空间分布。对于已经建成的景区，其内部地理环境、交通布局无法随意更改。但景区可以通过开发旅游结点、衔接旅游通道、引导旅游流、开放旅游网络以及健全旅游体系等措施优化其空间结构[①]。这些措施有利于设计景区的旅游线路和打造景区的旅游结点，随之，景区旅游流的调控措施就有了更多的可能性。

### （三）景区客流的时空行为流动规律

基于景区时空分流导航管理理论，客流的时空行为流动规律很大程度上影响着景区游客时空分流导航的模型构建。景区内游客空间流动形成的要素由旅游结点、景区道路交通状况、空间距离和个人因素等组成。

每个景区内的游客活动规律与该景区的特点有很大关联，这里不好统一而论。很多学者采用GPS追踪技术[②]、带有地理信息的照片[③]等方法研究景区内游客的时空行为流动规律；研究的时间点也都是选择旅游旺季的双休日或者黄金周，在人流集中的热门景点展开。这些研究非常有针对性，对分析景区游客高峰时段的客流调控问题打下一定的基础。

# 第四节　景区的设施

## 一、景区设施的分类

景区设施是旅游景区从事经营活动以及为旅游者提供服务或者其他旅游产品的基础[④]。目前，旅游景区已经成为提供“吃、住、行、游、购、娱”多种旅游要素为一体的综合性服务企业，所以现代旅游景区的设施设备种类繁多。

根据不同的用途，景区设施可以简要划分为基础设施和游览服务设施两

① 方世敏，赵金金．基于旅游流扩散的韶山景区空间结构优化研究［J］．湘潭大学学报（哲学社会科学版），2012，36（03）：120-127.

② 黄潇婷．基于时间地理学的景区旅游者时空行为模式研究——以北京颐和园为例［J］．旅游学刊，2009，24（06）：82-87.

③ 李春明，王亚军，刘尹，等．基于地理参考照片的景区游客时空行为研究［J］．旅游学刊，2013，28（10）：30-36.

④ 王昆欣，牟丹．旅游景区服务与管理［M］．北京：旅游教育出版社，2018.

大类。景区基础设施包括环境基础设施和接待基础设施，其中环境基础设施包括道路交通系统、防卫系统、绿化系统、电力系统、给排水系统、环卫系统等；接待基础设施包括餐饮设施、住宿接待设施、游乐设施、商业设施、康体设施等。景区游览服务设施包括游客导引服务设施和信息服务设施。具体内容见表 3.5。

**表 3.5　旅游景区设施分类表**

| 设施类别 | | 具体内容 |
|---|---|---|
| 景区基础设施 | 环境基础设施 | 道路交通系统：景区道路系统、停车场等 |
| | | 防卫系统：防火、保安、防盗、医疗救护设施 |
| | | 绿化系统：树木、花卉、草坪等 |
| | | 电力系统：电力系统设施、防雷设施 |
| | | 给排水系统：储水系统设施、输水管道设施、污水处理系统设施、排水系统设施 |
| | | 环卫系统：旅游厕所设施、垃圾箱、垃圾收集站、垃圾处理设施等 |
| | 接待基础设施 | 餐饮设施：快餐店、餐厅、咖啡厅、酒吧等服务设施 |
| | | 住宿接待设施：星级酒店、饭店、疗养院、民宿野营地等服务设施 |
| | | 游乐设施：特色交通工具、水上游乐活动、陆上游乐活动、危险地带安全防护和救护设施设备等 |
| | | 商业设施：旅游商品等商业服务设施 |
| | | 康体设施：康乐、健身房、高尔夫球场、室内外运动场等服务设施 |
| 景区游览服务设施 | 游客导引服务设施 | 引导标志设施、安全警告设施、导游全景图、景物介绍牌、标志牌、旅游信息触摸屏等 |
| | 信息服务设施 | 硬件设施：智能终端、PC 机、RFID、传感器设备、摄像头设备等 |
| | | 软件系统：视频监控系统、应急管理系统、应急广播系统、户外大屏显示、决策支持系统、指挥调度中心、电子门禁系统、车辆调度系统、环境监测系统、资源保护系统、OA 办公系统等 |

上述诸多设施对旅游景区来说是一个有机的整体，对景区旅游产品的完善和游客游览的服务都非常必要。基于本书研究的需要，我们将对与客流调控相关的景区道路设施、游客导引服务设施和信息集成服务设施等内容给予重点关注，其他设施的内容不再做具体阐述。

## 二、景区道路交通设施

景区内道路交通设施主要有景区道路系统、停车场等。停车场的建设需与景区景观相协调，并做好停车服务和车辆管理，本书重点分析景区内道路设施。

### （一）景区道路系统的类型[①]

旅游景区道路可以分为车行道、步行道以及特殊交通道等类别。

车行道是供机动车和非机动车行驶的道路，有主要和次要车行道之分。对于主要车行道，以车辆行驶为主，并且为车辆的快行道；对于次行车道，以车辆行驶为辅，车辆不多且行驶缓慢。

步行道是仅供旅游者步行的道路，车辆不能进入。步行道可根据其不同的属性分类，如主要步行道、次级步行道、小径或者水平步行道、阶梯步行道等。

特殊交通道是使用特殊交通工具辅助游客在景区内行走的道路。如索道、踏步电梯、水面交通、空中交通等。

对客流调控研究来讲，要区分不同道路的有效性。例如，主要车道多数都是人车分流，车行速度较快，调控时要看能否全部供客流疏散所用；小径步行道是否可以开发成道路链路；阶梯形步行道的坡度和高度会怎么样作用于游客的疏散速度；特殊通道在突发事件的时候是否可用。

### （二）景区道路的路网设计

景区道路路网直接关系到景区内部交通的快捷性，在景区应急管理阶段的客流调控过程中是非常重要的要素之一。目前主要的路网有四种类型，即方格形、环状串联形、放射环形以及自由形。

方格形路网是指景区的道路以直角或者近似直角交叉形成的路网结构。该类路网在游线组织上较为灵活，空间行为较为便利，可以组织成为环形游线和单行游线，但该类路网在对角线上的两点连接不甚畅通。这类路网结构多受地形和景点开发的限制，一般景区较少使用方格形路网。其中较为典型的景区有北京故宫和一些民居类型的旅游景区。

环状串联形路网是指景区的道路网络像环一样，串联起景区内主要景点的路网结构。此路网在游线组织上十分简单明了，一般景区规模较小、景点

① 马勇，李玺 . 旅游景区管理［M］. 北京：中国旅游出版社，2006.

不多的旅游景区或山地型旅游景区使用环状串联型路网。较为典型的景区有杭州西湖等。

放射环形路网多是指以景区的主要功能服务区为中心，向外放射出若干交通干道，并打通环线交通干道的路网结构。该路网使得同一圈层或不同圈层之间的旅游景点便于建立快速的连通线路。

自由形路网是基于景区旅游景点的不规则分布，由各级交通道路自由连接的路网结构。

## 三、游客导引服务设施

景区游客导引设施是通过图案、文字、符号或电子查询机等对旅游者的行为进行提示性的引导设施，如旅游者目前位置及方向的导引图例、旅游者禁止行为的提醒等。根据其导引设施展示的内容可以分为景区外部和景区内部两种引导指示①。

### （一）景区外部引导指示

景区外部引导指示主要是指引游客如何到达或离开景区的指示信息。如景区的位置信息，景区周边的公共交通设施及其方位等信息，如图 3.2 所示。

图 3.2　景区外部引导指示

图 3.3　景区内公共信息导引

① 马勇，李玺 . 旅游景区管理［M］. 北京：中国旅游出版社，2006.

### （二）景区内部引导指示

景区内部引导指示可以分为景区内公共信息导引、游客空间位置服务导引以及旅游设施和服务导引三方面。

1. 景区内公共信息导引

景区内公共信息导引是在旅游景区公共场合对旅游者提供引导信息的标志系统，主要指导性文件是国家标准《标志用公共信息图形符号》（GB/T 10001.1—2000），标准中对公共信息导引的样式和表现形式予以规定。例如，指示标准的颜色选择、图形符号指示牌的绘制与制作等，如图 3.3 所示。

2. 游客空间位置服务导引

游客空间位置服务导引是用来标注游客目前的位置以及展示景区其他景点或方位信息的导引服务。

3. 旅游设施和服务导引

旅游设施和服务导引是标注景区内各项旅游设施位置分布及周边服务分布的引导。其图例、样式和颜色等设置规定由相应的国标文件来规范。

## 四、景区信息服务设施

随着智慧旅游的深入实践，旅游景区通过信息服务设施进行智慧化管理越来越受到重视。旅游景区信息服务设施的主要内容包括信息服务硬件设施和信息服务软件设施两方面[①②]。具体内容如图 3.4 所示。

信息服务硬件设施包括智能终端、PC 机、RFID、传感器、摄像头等设备。这些硬件设施结合新一代技术，如 RS、GIS、GPS、RFID、物联网和数据挖掘等技术，实现景区内不同数据的感知和获取，实现数据的收集和初步的处理。如通过智能终端可以获得游客的位置、游客的消费数据等；通过 RFID 能获得游客的位置和活动轨迹；通过传感器设备，获得景区数字化所需的景观、道路和环境等各方面数据；通过摄像头，可以监控到景区内重要位置的游客分布情况，为景区的客流调控提供直接的资料。这些数据通过互联网、移动通信或物联网等，实现数据的传输和共享，为行业业务系统的开发提供数据支持。

① 谢朝武 . 旅游应急管理［M］. 北京：中国旅游出版社，2018.

② 张凌云 . 旅游景区管理［M］. 北京：旅游教育出版社，2019.

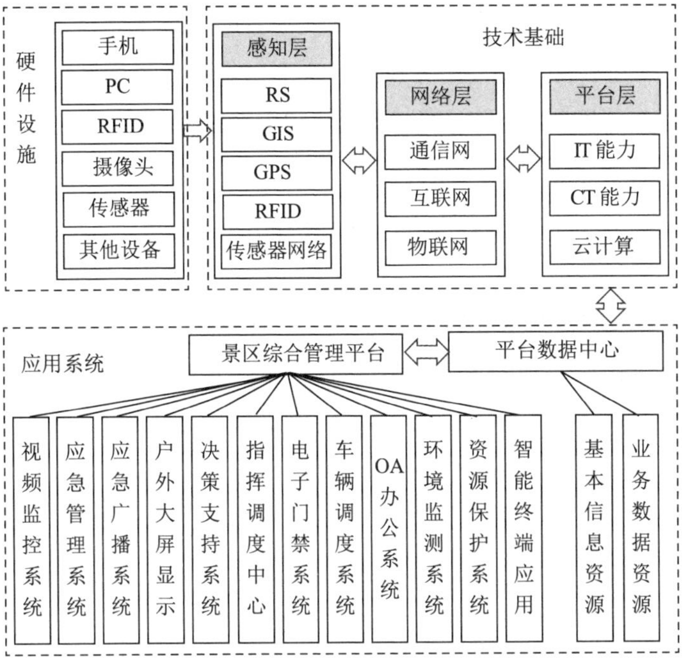


**图 3.4　景区信息服务设施**

信息服务软件设施是景区实现智能化的重要载体，包括平台数据中心和景区综合管理软件。平台数据中心是开发不同主题应用系统的基础，是景区基础信息资源和业务数据基础资源的存储中心和交换中心，如常见的景区路网数字信息、景区地形图数据等基础信息资源和景区客流数据等业务数据。景区综合管理软件包括视频监控系统、应急管理系统、应急广播系统、户外大屏显示、决策支持系统、指挥调度中心、电子门禁系统、车辆调度系统、环境监测系统、资源保护系统、OA 办公系统等不同业务系统。其中视频监控、应急广播、户外大屏、应急管理、决策支持、指挥调度等软件是管理者在景区客流调控时的常用工具，在提升游客游览安全体验和景区管理水平等方面发挥着重要作用。

景区用于应急管理的信息服务设施最为丰富，有现代信息技术收集和处理景区的海量数据、部署在各处采集数据的硬件设备、功能强大的景区管理综合软件平台，在应用层上基本搭建了“立体化”的应急管理信息服务平台。

上述的软件、硬件信息服务设施，对于目前多数景区的建设实践，还未必完全部署和实施；当然有条件的景区，部署的信息服务设施会更丰富，而不是仅限于上述软件、硬件服务设施。本书仅是对智慧景区的信息服务设施做概念性阐述，用来说明目前智慧景区实践中能够实现的功能。

## 第五节　景区的应急管理

景区面临的旅游突发事件具有多样性和复杂性，所以景区的应急管理体系要加强一般性应急机制和功能的建设，也要根据景区常见的非常规突发事件类型及成因进行针对性的建设，突出景区应急管理工作建设的重点和难点。

### 一、景区应急管理体系

不同类型的景区拥有不同的旅游核心吸引物和空间范围，甚至相同类型的景区因为分布在不同的地区，其所有拥有的应急管理资源和保障条件都会存在很大差异。但在国家、省市及景区地所在行政机构的法律、政策文件规范下，各景区均搭建了“全方位”的应急管理体系框架，并根据景区的实际情况，努力完善各部分内容和功能。结合景区的应急管理实践，本书给出简要的景区应急管理体系框架，如图 3.5 所示。

从整体上看，应急预防与预备、监测与预警、处置与救援、恢复与重建是景区应急管理体系中的主要功能架构，也是应急管理机制的主要任务和内容。景区应急保障也是体系中重要组成部分，是景区顺利开展各项应急工作的基础。应急保障的外在表现是应急的物资、资金、人员和涉及医疗、通信、交通等各方面的支持；而实际上是国家、省市等相关法律、政策、制度的保障，进而形成以景区或景区所在地行政机构为主体的应急管理体制，通过组建应急管理的机构体系，开展应急管理机制里的各项具体工作。具体而言，景区应急管理任务由专设的景区应急管理办公室（部）来承担，其协调应急管理的相关机构开展工作。应急管理的机构体系一般包括景区应急指挥部、消防部、安全保卫部、通信联络部、技术专家部、医疗保障部、物资供应部、生活后勤部、人力资源部和市场营销部等组成，这些机构均是景区应急管理工作的必要支撑。

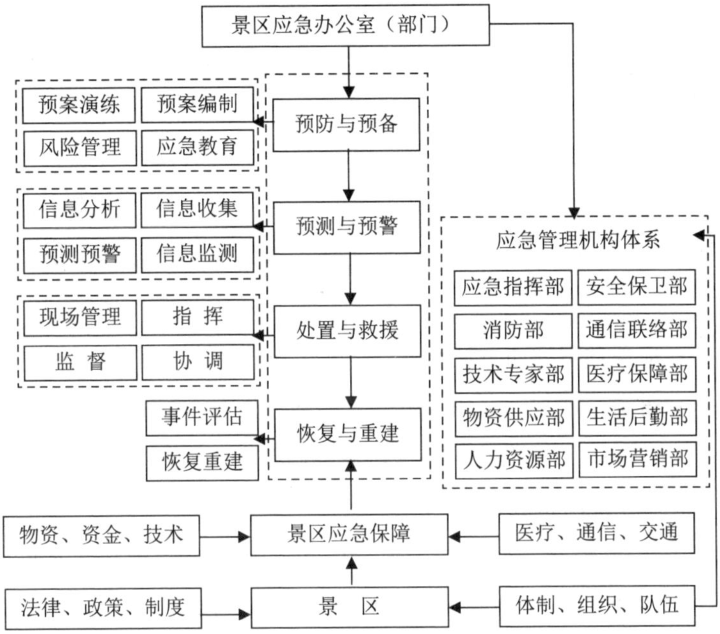


**图 3.5　景区应急管理体系框架图**

应急管理最重要的任务就是不断地做好应急准备[①]，以期避免、减少或减缓突发事件造成重大伤亡。应急准备贯穿在预防与预备、监测与预警、处置与救援、恢复与重建的全过程，其中应急预案编制是应急准备的重点课题。

## 二、景区应急管理预案

### （一）景区应急预案

景区应急预案是事先针对景区可能发生的突发事件进行预测，进而预先制定的有关救援措施、计划或方案，以期避免、减少或减缓突发事件造成的损失。应急预案是应急管理“一案三制”中重要组成部分，其包含三个方面的含义：事故预防，通过风险识别，采用技术和管理手段降低事故发生的可能性或使可能发生的事情控制在局部；应急处理，若突发事件发生，采用预案中的处理流程和方法快速展开应对工作，防止或减缓事故的发展；现场救

① 范维澄，闪淳昌等 . 公共安全与应急管理［M］. 北京：科学出版社，2017.

援，采用预案中应对方案中的决策，控制或减少事故造成的损失。

《旅游突发公共事件应急预案》中指出，景区应急预案要具有科学性、实用性和权威性。首先，要以科学的态度，在充分调查研究的基础上，对景区突发事件及其成因、承灾体和应急管理进行了科学的分析和论证后，方可制定；其次，应急预案必须要经过演练和评估，要符合景区及景区当地的客观情况，这样才有较强的实用性和针对性；最后，由于应急预案中涉及应急救援的工作体制，为保证应急预案的权威性，应急预案还要经上级部门批准方可实施。

另外，对应急预案的动态管理给予制度化安排，持续改进机制是应急预案系统中重要组成部分。例如，九华山风景管委会分别在 2013 年、2015 年、2017 年和 2019 年持续改进了《九华山风景区旅游高峰期客流控制和应急管理方案》[①]。

## （二）景区应急预案的层次

按照系统论思想和应急管理的实际需求，景区应急预案体系可以划分不同的层次。根据景区突发事件可能的影响范围及应急方式，可将应急预案分为景区级、县 / 区级、市 / 地级、省级和国家级五个不同层次；还可以根据预案的适用对象划分为综合、专项和现场三种不同预案。详细内容见表 3.6。

**表 3.6　景区应急预案层次**

| 分类依据 | 分层类别 | 应用说明 |
| --- | --- | --- |
| 影响范围和应急方式 | 景区级应急预案 | 突发事件可能的影响局限在一个景区内，可以被遏制和控制在景区内。景区的应急能力可以应对 |
| | 县 / 区级应急预案 | 突发事件可能的影响可扩大到景区外的公共区域。县（市、区）行政部门和景区的力量可以控制 |
| | 市 / 地级应急预案 | 突发事件影响的范围较大，必须使用地区的力量组织救援 |
| | 省级应急预案 | 针对特大的突发安全事件以及属省级特大事故隐患、省级重大危险源。必须使用全省的力量组织救援 |
| | 国家级应急预案 | 《旅游突发公共事件应急预案》明确划分的重大的旅游景区事故，需要国家统一协调、指导和响应的突发事件应急预案 |

① 九华山风景区管委会.九华山风景区管委会关于调整旅游高峰期客流控制和应急管理方案的通知［EB/OL］. http：//www.jiuhuashan.gov.cn/OpennessContent/show/523641.html.

续表

| 分类依据 | 分层类别 | 应用说明 |
| --- | --- | --- |
| 适用对象 | 综合应急预案 | 综合预案是整体预案，可以清晰了解应急体系及预案的文件体系，对景区可能发生的突发事件都有一定的指导作用 |
| | 专项应急预案 | 1. 自然灾害预案。旅游景区经营过程中可能遇到的自然事件。<br>2. 突发事故预案。旅游景区中可能的突发事故包括火灾、车辆伤害等。<br>3. 公共卫生事件预案。主要包括可能发生的重大传染性疾病、食物中毒等应急预案。<br>4. 社会安全事件预案。主要包括景区内人群踩踏应急预案等 |
| | 现场预警预案 | 现场预案是针对突发事件的具体发展，在现场编制的预案。它一般是以专项预案为基础，经过调整形成的系列决策 |



结合景区的实际情况和其常见突发事件的类型与成因，不同景区的应急预案内容会有很大的不同。本书通过对景区进行系统化抽象，从功能和目标出发，重点研究景区非常规突发事件下的客流调控措施，以有助于建设景区的专项应急预案。

## 三、景区客流调控专项应急预案

突发事件发生时，人是最主要也是最脆弱的承灾体。所以，在景区旅游安全管理实践中，景区内突发事件最普遍的是景区游客高峰时段的游客拥堵事件，而造成较大人员伤亡的往往是在景区游客高峰时段，同时叠加了次生灾害的非常规突发事件，如 2014 年 12 月 31 日的上海外滩踩踏事件和 2020 年 10 月 1 日的太原市台骀山景区火灾事件，就是在节假日的游客高峰时段，景区内游客拥堵而又叠加火灾，现场客流因无法有效疏散而造成踩踏伤亡的悲剧事件。

### （一）景区游客高峰时段

通过前面对景区游客游憩行为的研究可知，不同的景区客流在时间分布上有其规律性。从游客的角度看，景区多数时间的旅游体验较舒适，游客较容易获得身心的放松体验。但在当今大众旅游时代背景下，“元旦”“五一”“十一”等法定的节庆假日以及学生暑假期间，资源禀赋的 5A 或部分 4A 级景区经常人满为患，这种在比较短的时间内集中了大量的游客到旅游目的地，就形成了景区的游客高峰时段。

现实的景区管理实践中，景区多数将其经营活动分为常态管理和游客高峰时段的应急管理。而在游客高峰时段的应急管理过程中，景区通过实时游客量与最大承载量之间的数量关系，又将不同时段划分为应对的等级，再据此启动不同的应对预案。景区管理者会根据景区内的客流规模和分布状况，切换不同的管理模式和应对措施，实现景区的运行管理。

景区游客高峰时段的应急预案分级应对主要依据三个文件：一是 2013 年发布的《中华人民共和国旅游法》对旅游高峰时段景区的经营活动进行了规范，指出景区应当公布景区核定的最大承载量，景区的接待游客量不能超过景区核定的最大承载量，并提出制定和实施流量控制方案。二是《景区最大承载量核定导则》（LB/T 034—2014）对不同类型景区最大游客承载量的核定明确了技术路线。三是《景区游客高峰时段应对规范》（LB/T 068—2017）首次提出景区游客数量达到或超过其最大承载量的 80% 的时段为景区游客高峰时段，并设定此时的应对等级为三级，用黄色表示；对应的，90% 以上为二级，用橙色表示；95% 为一级，用红色表示。同时还在组织管理、设施设备、信息管理、保障措施等方面的工作提出了明确的应对要求。

（二）景区游客高峰时段的客流调控

景区游客高峰时段应急管理的客流具有明显的集中性、盲目性、无序性和大众性[①]。为确保景区的安全运营，各景区或景区地行政部门都在国家立法或相关规定基础上，加强了对景区客流调控预案的建设，如 2014 年上海市政府发布的《上海市处置旅游突发事件应急预案》中，对景区旅游高峰时段的管理做了相关规定；还有 2015 年武夷山市政府发布的《武夷山市旅游景区游客分流应急预案》、2019 年九华山风景管委会发布的《九华山风景区旅游高峰期客流控制和应急管理方案》等。各地对景区游客高峰时段的客流调控预案都给予足够的重视，并将其纳入地方政府应急工作体系中，以便必要时可以和政府的相关部门实现顺利对接，开展应急预案实施。

目前在景区游客高峰时段的应急调控预案中，对于客流调控主要有限流和分流等措施。限流可以是通过门票预约，实现在景区外就对客流进行限制；

---

① 陈云川，邱萍，何文俊，等. 景区游客高峰时段管理理论与实践［M］. 北京：中国旅游出版社，2018.

也可以是通过在景区内部分拥堵的景点设置门票，实现景区内部重点区域的客流调控。分流可以是通过引导游客到周边非热门景区、调整淡旺季门票价格、销售不同时段的门票、分批次进入景区等具体措施，在景区外实现客流分流；也可以是通过景区开放更多景点、增设更多展览等资源、优化景区内旅游路径等措施，在景区内实现客流分流；还可以在景区内均衡各景点的客流，或者设置单向旅游参观路线和使用解说系统调控行程进度等方式提高景区内客流的流转效率。如表 3.7 所示。

**表 3.7　景区“预测—应对”模式下的客流调控决策**

| 客流调控决策 | 具体应对措施 | 主要方法和手段 |
| --- | --- | --- |
| 限流 | 门票预约 | 电子商务平台 |
| | 部分拥堵景点设置门票 | 价格机制 |
| 分流 | 引导游客到周边非热门景区 | 电子显示屏、广播系统、导引设施、人工疏导 |
| | 淡旺季门票价格调整 | 价格机制 |
| | 网络销售不同时间段门票 | 电子商务平台 |
| | 分批次进入 | 通信设备、人工协助 |
| | 扩大景点开放或增设展览等 | 景区资源开发 |
| | 优化的游览路线 | 视频监控、人工调度、广播系统、引导设施 |
| | 设置单向参观 | 引导设施、人工疏导 |
| | 调整语音解说内容及进度 | 解说系统 |

上述景区的限流和分流措施主要通过门票预约、价格机制、人工协助疏导等方法，并辅以电子商务平台、电子显示屏、视频监控设备、广播系统、对讲机等通信设备或景区引导设施等开展景区内外的客流调控工作。

需要说明的是，景区都是通过网络门票预约、现场门票销售或通过其他预测工具得到景区内的客流量。当预测的景区内客流量达到景区最大承载量的 80% 以上时，景区会根据不同等级，启动相应的应急预案以对客流进行调控。我们称景区游客高峰时段的客流调控为“预测—应对”模式下的应急调控。

### （三）景区非常规突发事件下的客流调控

从研究方法上看，目前景区游客高峰时段的客流调控决策多是借鉴国内外景区的管理经验，在国家各级法律和制度等相关文件下，结合自身实际情况的实践总结。即景区是通过工作调研和定性分析等方法，来归纳景区游客高峰时段的客流调控决策。但是以模型和算法为基础，深度融合信息技术的方法研究还不多；通过这些方法结合景区的管理实践，为景区游客高峰时段的客流调控提供决策支持的应用案例还没有①。

从管理实践上看，目前景区游客高峰时段的应急调控主要是基于“预测—应对”模式展开工作的。这些在管理经验基础上形成的限流和分流方案，有力地支撑了景区游客高峰时段的应急管理。但是，面对诸如 2014 年 12 月 31 日的上海外滩踩踏事件，很明显，上述的限流和分流方案并不能有效地对客流进行应急调控②。

在第二章我们引入了描述类似上海外滩踩踏事件的景区非常规突发事件概念。面对在景区游客高峰时段，并叠加次生事件的非常规突发事件，基于其诸多前兆不充分且多变的事故情景，我们这里应该同样引入“情景—应对”管理模式来开展工作。当出现非常规突发事件情景时，景区可以通过“情景—应对”管理模式，采取针对性更强的客流调控措施，以避免或减轻事故点周边出现重大的人员伤亡。

基于上述的分析，在景区管理实践中，景区可以将其经营活动分为常态管理和游客高峰时段的应急管理。通常情况下，景区内游客未到达景区最大承载量的 80%，整体游憩体验相对舒适，采用常态模式管理。当景区内游客达到或超过最大承载量的 80% 时，进入景区的游客高峰时段或者景区的应急管理阶段，景区整体游客比较拥挤，局部可能超载，景区应该启动“预测—应对”模式管理。在景区游客高峰时段发生非常规突发事件时，会造成较大破坏，这时应该启动“情景—应对”模式管理。三者之间可能会有研究交叉，

① 陈云川，邱萍，何文俊，等. 景区游客高峰时段管理理论与实践［M］. 北京：中国旅游出版社，2018.

② 中国新闻网 . 习近平对上海外滩踩踏事件作出指示［EB/OL］. https：//news.ifeng.com/a/20150101/ 42843878_0.shtml.

但基于突发事件和非常规突发事件的强相关性，我们把“预测—应对”和“情景—应对”管理模式称为景区“高融合”的应急管理模式。

我们知道，在景区客流高峰时段，景区“预测—应对”模式下客流调控措施如表 3.7 所示；而对于景区具体情景下客流调控措施，《景区最大承载量核定导则》中则以“特殊预案”[①]来单列略过，并没有给出具体的指导。针对节假日或其他突发事件下客流调控预案的重要性和急迫性，部分景区做出了积极而又具体的尝试（见本章案例资料）。显然，如果要形成景区客流高峰时段全面、系统化的客流调控预案，则需要我们对景区“情景—应对”模式下的客流调控措施开展有针对性的科学研究。如表 3.8 所示。

**表 3.8 景区游客高峰时段的客流调控决策**

| 应急管理模式 | 研究方法 | 调控决策 | 应用场景 |
|---|---|---|---|
| “预测—应对”模式 | 工作调研、定性分析 | 限流、分流等 | 游客高峰时段的景区。如黄金周期间的颐和园等 |
| “情景—应对”模式 | 管理科学、心理科学、信息科学等多学科交叉 | （需要针对性的研究） | 游客高峰时段的景区，叠加灾难事件。如 2014 年年末上海外滩踩踏事件 |

回顾第一章的第一个问题，对于景区游客高峰时段的客流安全管理，其应急管理系统还有哪些方面需要进一步完善？通过分析我们发现，景区的应急管理系统不仅要有“全方位”应急管理体系框架、“立体化”的应急管理信息平台，还要有“高融合”的应急管理模式，即在景区游客高峰时段，要融合“预测—应对”和“情景—应对”两种管理模式，以应对非常规突发事件的发生，形成景区全方位、立体化、高融合的应急管理系统。

针对问题二，面对非常规突发事件中的客流，景区如何建立有针对性、科学性、系统性的应急调控决策？面对非常规突发事件，景区要在“情景—应对”管理模式下展开客流调控管理，即在充分了解景区、突发事件及成因、游客行为、景区设施和应急管理等内容的基础上，通过建立模型与算法，运用管理科学、心理科学、信息科学等多学科交叉理论去研究不同事故情景下的应对措施，这也是本书研究的主要内容。

① LB/T 034–2014，景区最大承载量核定导则［S］.

## 第六节　本章小结

面向研究的科学问题，本章构建了景区客流安全管理的理论体系。首先，用系统的视角分析了景区系统及其组成：景区是由旅游者、核心吸引物、景区设施和景区管理者四个要素组成的功能系统。随后，结合公共安全理论，分析了景区客流安全管理的工作基础和内涵：对于承灾体，主要是分析游客和景区设施；对于突发事件，主要是分析不同类型景区及其可能发生突发事件类型、成因、特点和影响；对于应急管理，主要是分析景区的应急管理体系框架和内容。最后，对应急管理体系中的客流应急调控预案进行重点研究，提出景区应该建设全方位、立体化、高融合的应急管理体系；区别于一般突发事件的“预测—应对”管理模式，特别针对景区内可能发生的非常规突发事件情景，提出要开展“情景—应对”管理模式，通过多学科交叉理论去研究不同情景下的客流应急调控预案。通过本章的研究，为景区游客高峰时段的客流安全管理和应急调控研究奠定了理论基础。

**[案例资料]**

**九华山风景区管委会关于调整旅游高峰期客流控制和应急管理方案的通知**[①]

九华镇、九华乡人民政府，管委会各部门、各直属单位，佛教协会，驻山单位：

为认真贯彻落实《中华人民共和国旅游法》，保护和合理利用旅游资源，保障游客合法权益，维护景区旅游秩序和安全，根据《景区最大承载量核定导则》《九华山风景名胜区管理条例》，经管委会研究，决定调整《九华山风景区旅游高峰期客流控制和应急管理方案》，自颁布之日起施行，原九管〔2017〕22号文同时废止。调整后的方案如下：

① 九华山风景区管委会. 九华山风景区管委会关于调整旅游高峰期客流控制和应急管理方案的通知[EB/OL]. http://www.jiuhuashan.gov.cn/OpennessContent/show/523641.html.

一、适用范围

（一）本预案适用于小长假、黄金周、庙会、佛教重要节日和重大活动期间客流应急控制。

（二）本预案所指高峰期是指大批游客进入景区，超过日最佳接待量或瞬时最大接待量，有可能影响景区旅游秩序或存在安全隐患。

（三）容量核定：根据国家旅游局《景区最大承载量核定导则》，委托池州学院核定，景区瞬时最佳承载量为4万人，瞬时最大承载量为8万人；最佳日承载量为5万人/日，最大日承载量为9万人/日。

二、基本原则

按照“统一领导、分工协作、相互配合、合力应急”原则，周密安排，落实责任，强化协调，扎实做好旅游高峰期游客服务工作，保障旅游高峰期“安全、秩序、质量、效益”四统一。

三、组织领导及职责

（一）加强领导，统筹协调。成立九华山风景区旅游高峰期客流控制应急管理指挥部，全面负责旅游高峰期客流控制应急管理工作。

指 挥 长：（略）

副指挥长：（略）

成　　员：（略）

（二）设立机构，明确职责。指挥部下设一室四组。

1. 办公室

主　任：（略）

副主任：（略）

成　员：党工委管委会办公室、经济社会发展处、交警大队、市场宣传中心、广电中心、门票管理所、文旅集团公司、股份公司、电信公司、移动公司、联通公司等单位工作人员。

工作职责：在指挥部领导下，负责各项工作的组织协调、数据信息统计、预警信息发布、假日信息上报等工作。

（1）党工委管委会办公室负责各项工作的组织协调和预案启动上报；信息中心负责上报信息的汇总统计工作，达到预警级别立即上报指挥部办公室，经指挥部会商同意，根据指挥长指示，统一发布预警信息。

（2）市场宣传中心负责团队数量汇总上报，并根据指挥部指示，通过网站、广播等营销媒体渠道发布预警信息，及时向游客提供最新的景区资讯，并组织旅行社合理安排团队线路，避开高峰景点。

（3）经济社会发展处负责对接国家、省、市旅游局，及时上报假日接待情况和预警相关信息。

（4）门票管理所负责实时售票数汇总上报，根据指挥部指示采取相关预售、限（停）售门票措施，并在售票大厅公示预警信息。

（5）公安局负责上报前日核心景区和山下游客住宿量。

（6）交警大队负责进山车辆的实时信息上报。

（7）文旅集团负责上报大愿文化园景区游客入园信息。

（8）股份公司负责实时上报景区公交、索道、缆车载客数据。

（9）广电中心负责利用电视等渠道及时发布相关信息，进行有关报道。

（10）电信、移动、联通公司负责预警等信息发送工作。

2. 运力保障组

组　长：（略）

副组长：（略）

成　员：交通局、股份公司、客运公司等单位工作人员。

工作职责：在指挥部领导下，负责旅游高峰期运力保障工作。

（1）交通局根据应急预案，督促指导客运公司加强客运车辆安全检查，落实安全保障措施，完善运力保障预案。

（2）客运公司根据客流高峰期应急保障预案，科学合理安排、调度运力，保障游客进出景区通畅有序。

3. 道路管控组

组　长：（略）

副组长：（略）

成　员：公安局（交警大队）、行政执法局、交通局、门票管理所、文旅集团、股份公司等单位工作人员。

工作职责：在指挥部领导下，加强交通安全管理，加大交通转换中心、大愿文化园停车场及周边区域和临时备用停车场组织协调，强化路面指挥疏导，规范交通市场秩序，保障交通环境。

（1）公安局（交警大队）负责根据客流情况，适时启动高峰期道路交通管控应急预案；监督检查交通管理措施执行情况，规范各交通卡点值班值勤行为；合理划分停车区域，科学确定停车泊位，完善停车标识和相关服务设施；规范停车、行车秩序。

（2）交通局负责加强交通运输市场管理，规范内外运输市场秩序，打击各类非法营运行为。

（3）门票管理所负责制定操作性强的售验票办法，减少车辆、游客在售验票口滞留时间。

（4）行政执法局负责加强临时停车场管理，引导车辆规范有序停放，引导游客文明有序乘车，认真做好临时停车场秩序维护工作。

4. 秩序维护组

组　长：（略）

副组长：（略）

成　员：市场监督管理局、行政执法局、文明办等单位工作人员。

工作职责：在指挥部领导下，加强旅游秩序管理，确保景区游览秩序文明、有序。

（1）市场监督管理局负责加大市场监管力度，严厉查处假冒伪劣商品，“吃拿”回扣和无证经营行为；加强文明燃香监管，保障食品安全。

（2）行政执法局负责强化市场秩序管理，坚决取缔追客缠客、拦路乞讨等行为，依法严厉打击假导黑导、无证接客等行为，规范导游讲解行为，加大环境卫生保洁力度，做到垃圾随时清扫、日产日清、日清日高。

（3）文明办负责加强文明旅游宣传，发挥志愿者志愿服务作用，在客流高峰期协助引导游客，维护游览秩序。

5. 应急处置组

组　长：（略）

副组长：（略）

成　员：管委会应急办、公安局、综治办、信访局、经济社会发展处、行政执法局、九华镇、九华乡、交警大队、消防大队、医院、集团公司、股份公司等单位工作人员。

工作职责：在指挥部领导下，强化值班备勤和安全保卫，做好客流高峰期突发事件应急管理、处置和救援等工作。

（1）管委会应急办负责组建应急分队，制定完善安全预案和应急预案，组织预案演练，提高应急处置能力。根据指挥长指令，启动应急预案。

（2）公安局、消防大队、武警中队负责加强社会面稳控，维护突发事件现场秩序，并积极参与应急管理、处置及救援。

（3）行政执法局负责根据本部门应急预案，协助维护突发事件现场秩序，积极参与应急管理、处置及救援工作。

（4）乡镇负责协助加强社会面控制，按照“属地管理”组织辖区内群众思想教育引导以及突发事件应急管理、处置及救援工作。

（5）综治办、信访局负责加强和创新社会管理，加大信访矛盾纠纷排查调处力度，强化特殊群体管理，积极消除各类不稳定因素。

（6）经济社会发展处负责医疗服务工作，负责受理游客投诉，并做好游客咨询、解释工作。

（7）文旅集团公司、股份公司协助做好客流高峰期突发事件应急管理、处置和救援等工作。

四、游客流量分级与应急预警响应

流量分为四级，分别对应预警准备状态和三级预警。当景区游客量达到最佳承载量为四级，达到最大承载量的80%为三级（黄色）、90%为二级（橙色）、100%为一级（红色）。

| 流量分级 | 游客流量（万人） | 应急响应 |
|---|---|---|
| 四级 | 5 | 进入预警准备状态 |
| 三级（黄色） | 7.2 | 三级（黄色）预警 |
| 二级（橙色） | 8.1 | 二级（橙色）预警 |
| 一级（红色） | 9 | 一级（红色）预警 |

五、高峰客流调控措施

（一）预测。游客接待量的预测和实时监测应由智慧景区系统统一采集、统计和分析。智慧景区项目尚未建设完成之前，采取人工和智能相结合的方式进行：

1. 客流预测：在本预案适用范围所指节假日前一天，门票管理所、市场宣传中心和公安局分别将预测人数、团队数量和前日游客住宿情况上报，由信息中心汇总上报指挥部办公室。

门票管理所可以根据历史客流数据和前期的客流数据进行预测；市场宣传中心可以根据旅行社团队数和规模、宾馆预订情况等数据进行预测。

2. 实时监测：在本预案适用范围所指节假日，从8时至18时，每小时1次，门票管理所上报实时售票数，交警大队上报实时车流量，股份公司上报实时客运（上、下山客流量）、索道、缆车客流量，文旅集团上报大愿文化园游客流量，管委会信息中心汇总信息报指挥部办公室。特殊情况可延长上报时间至20时。

3. 数据研判与预测发布：预测或实时监测数据达到景区最佳接待量，进入预警准备状态，指挥部办公室各成员单位安排人员集中办公，并将预测数据传送至各值班长。

（二）预警

1. 四级预警：景区游客量达到最佳承载量，进入准备状态，指挥部办公室全体成员到岗到位，集中办公，信息中心按指挥部办公室指示向景区各单位、各值班点发布进入准备状态预警信息，各单位、各值班点做好各项准备工作。

调控措施：①交警大队启动交通调控，通过周边道路管控、区内停车控制、景区公交调度等措施控制进入核心景区游客流量，错峰接待；②客运公司通过控制景区公交车发车时间间隔调控核心景区游客流量。

2. 三级（黄色）预警：景区游客数量达到三级预警响应时，启动应急预案，进入预警状态，由指挥部办公室报告指挥长，发布相应等级预警启动指令，发布预警信息。

预警内容：通过预警渠道发布“九华山风景区游客人数达到最大承载量80%，请广大游客合理安排游览行程”信息。同时，通过景区短信平台，由指挥部办公室向各值班长发布预警信息。

调控措施：①信息中心通过公共媒体、临时提示牌等渠道，并结合智慧旅游新技术，利用移动多媒体、智能终端等多样化的旅游信息平台，及时发布景区游客流量信息，供游客参考。②财政处、门票管理所负责合理设置售票窗口，设置自动售票机，必要时增设临时售票处，实行团体票务、散客票务、电子票务分开办理，缩短购票时间。合理设计游客排队等候的方式和途径。增设验票通道，提高游客快速购票和通过能力。开通快速闪付通道疏导分流入口处游客。③在景区入口大门及售票区，增设电子显示屏，提供给游客最及时的信息。④各值班点负责本区域内游客量动态监测，当核心景区内部分景点游客量接近或超过瞬时最大值时，由各值班点负责启动应急预案，实行区内调控措施，并将信息上报指挥部办公室。⑤在部分热门景点入口设置电子显示屏，显示实时游客分布情况，以供游客合理选择下一个游览景点；实时发布短信、微信等提示信息；改善内部交通，设置合理线路和醒目指示牌，尽量让游客不走回头路。如月身宝殿可设置三至四条线路，包括“月身殿—回香阁—百岁宫”线路。索道上站也可设置从“索道上站—十王峰—天台—拜经台—索道上站”环路和经“天台—花台—桥庵”“拜经台—观音峰—中闵园”等多条线路；人工引导，在月身宝殿、百岁宫、祇园寺、闵公殿、凤凰松、天台寺、拜经台等景点安排人员值守，进行客流疏导。

3. 二级（橙色）预警：景区游客数量达到二级预警响应时，劝阻游客谨慎进入核心景区，引导游客向大愿文化园和花台景区分流，向社会公告并同时向池州市人民政府报告。

预警内容：通过预警渠道发布九华山风景区达到最大承载量90%，请广大游客根据时间和行程安排谨慎进入核心景区，欢迎到地藏圣像景区和花台景区观光。同时，通过景区短信平台，由指挥部办公室向各值班长发布预警信息。

调控措施：①游客服务中心值班点负责在售票大厅及各停车场设置提示

牌，并由工作人员引导向地藏圣像景区、花台景区等景区分流。②信息中心负责发布预警信息。③市场宣传中心负责组织旅行社调整团队游览线路，避开高峰景点。④交警大队负责在五溪设置提示牌，对自驾游客流进行引导，分流到周边景区。

4. 一级（红色）预警：景区内游客数量达到最大承载量时，必须向指挥长报告，核心景区暂停售票，向游客发布告示，做好解释和疏导等相关工作，同时报告池州市人民政府。

预警内容：通过预警渠道发布"九华山风景区达到最大承载量，核心景区暂停售票，欢迎到地藏圣像景区和花台景区观光，请广大游客及时关注景区信息，择机游览"信息。同时，通过景区短信平台，由指挥部办公室向各值班长发布预警信息。

调控措施：①报告市委、市政府。②信息中心负责发布预警信息，手机短信提醒游客错峰旅游。③交警大队负责在青阳高速路口设置提示牌，进行客流分流。④游客投诉中心负责做好游客咨询和解释工作。⑤客运公司负责做好客流下山通行工作。

（三）预约

1. 门票预售。开通风景区门票网络销售官方网站、官方微信、手机 APP 客户端等多种预售方式。网络预订可实行价格优惠。

2. 总量控制，分时售票，分时管控。以最大日承载量 9 万人为限额，门票管理所售票额满为止，额满后有出才让进，进出平衡。在各个售票处建立电子磁卡门票系统，同时使用进入和离开的两套刷卡系统，及时准确地掌握各游览区内的游客数量以及游客的流动方向，以此判断恢复售票时间。

责任单位：财政处、门票管理所

3. 经济调控（错峰与预售）。利用经济手段调控客流规模，引导游客错峰出游以控制旺季游客流量。在特定时段如黄金周期间进行试点，逐步推行门票预约和现场限售相结合的售票方式，也可以通过预先支付享受折扣的方式引导游客提前购票，以实现景区对游客流量的客观预测和掌控，制定相关保障措施。

责任单位：管委会办公室、财政处、门票管理所、市场宣传中心

（四）应急处置

1. 售、验票拥堵的应急处置。因受现有条件的限制，当售、验票口游客积压时，必须立即向指挥部报告，现场值班人员应积极采取措施，增设窗口，加快售、验票速度，缩短游客等待时间，同时可以提供茶水服务或赠送小礼品等方式，降低游客急躁情绪。

2. 交通拥堵的应急处置。因运力不足，当进山游客积压时，必须向指挥部报告，积极采取措施，增配车辆，增设等待提示牌，引导滞留游客在游客中心休息，并提供茶水、影片观看等服务，缓解游客急躁情绪。恶劣天气时需增设遮阳避雨棚、免费发放一次性雨衣等。当下山游客积压时，所有车辆调配至迎仙桥停车场，载客下山。

3. 索道（缆车）客流拥堵的应急处置。当索道（缆车）上、下站游客积压时，索道（缆车）公司必须向指挥部报告，积极采取措施，发布提示信息，并组成疏导组及时进行疏散。当百岁宫或天台景区游客量达到最大瞬时承载量时，应立即停止上行载客，当下行索道（缆车）游客积压时，积极疏导游客步行下山。

对已购买索道票因紧急情况而步行上、下山的，索道（缆车）公司要及时予以退票并做好解释工作。

六、组织和实施

（一）预案启动。当进山人数达到景区最大承载量的80%，由指挥部宣布启动预案，及时发布预警信息。

（二）预案实施。各部门各单位和各值班点根据指挥部发布的预警等级，认真落实调控措施，并及时向指挥部反馈。

（三）预案终止。指挥部在综合分析各方面信息的基础上，适时宣布终止预案。

旅游高峰期客流控制应急预案工作程序

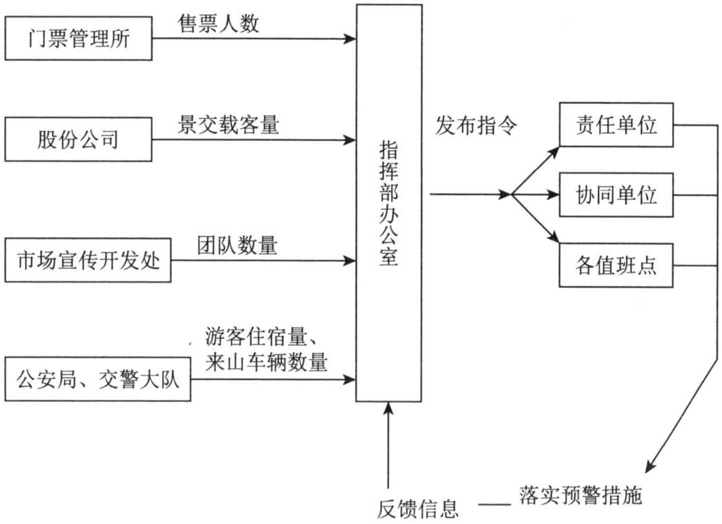


七、分析总结

应急预案启动后，应及时进行工作总结，不断修订完善应急预案，提高景区高峰期应急反应能力和应急处置水平，确保游客安全和旅游秩序稳定，提升景区游客满意度和美誉度，实现景区旅游经济持续健康发展。

八、工作要求

（一）统一思想、提高认识。旅游高峰期客流控制应急管理工作是贯彻实施《中华人民共和国旅游法》的重要任务，是保护旅游者合法权益的实际行动，是提升景区管理水平的有效举措，指挥部各成员单位要进一步强化对旅游高峰期客流控制应急管理工作的重要性认识。

（二）齐抓共管、密切配合。旅游高峰期客流控制应急管理工作是一项综合系统性工程，各成员单位要认真履职，齐抓共管，密切配合，确保各环节通畅，形成强大合力。

（三）严格程序、规范实施。旅游高峰期客流控制应急管理工作，牵涉面广、群众性强，各成员单位要严肃工作纪律，严守工作程序，严格按规则制度操作实施。

（四）细化方案、狠抓落实。指挥部各成员单位和各值班点要进一步细化完善操作性强的具体工作方案，报指挥部办公室备案，并根据指挥部发布的信息，认真落实调控措施，及时启动相应等级预案，并及时向指挥部办公室反馈。

2019年1月31日

# 第四章　景区客流应急疏散仿真系统研究

通过景区客流安全管理的理论构建，我们对面向景区游客高峰时段的客流安全，如何开展应急调控的工作基础和问题内涵进行了全面分析。在景区游客高峰时段，景区管理启动“预测—应对”模式管理，对客流实行现行的限流和分流等措施进行调控；当非常规突发事件发生时，景区管理启动“情景—应对”管理模式，具体的调控措施需要进一步深入研究。

非常规突发事件是极小概率发生的，容易被景区管理者所忽视，但是当非常规突发事件发生时，由于其前兆缺失，所以特别容易产生巨大的破坏。非常规突发事件的发生和演变机理复杂，且次生危害严重，客流应急调控措施需要创新理念和技术给予针对性研究。同时，基于应急预案的科学性、实用性和权威性特点，景区非常规突发事件的客流应急调控措施在编制与演习方面也很难在现实中开展。鉴于此，可重复、低成本，并且不受自然条件和场地约束的计算机仿真技术就凸显其优势，成为研究非常规突发事件应急管理的重要技术手段。

本章将重点研究景区客流应急疏散的仿真系统。基于对科学问题的分析和系统建模与仿真理论，明确景区游客高峰时段客流应急调控的问题与目标。针对景区客流应急调控的实际需求，构建景区客流应急疏散仿真系统，为景区能够针对不同的非常规突发事件情景，建设客流应急调控预案做好技术准备。

# 第一节　人群疏散仿真概述

近年来，国内外学者提出了很多关于大规模人群疏散的仿真模型，总体上可分为宏观仿真模型和微观仿真模型两大类。

宏观仿真模型是早期人群疏散仿真中的主力模型，建模相对简单、对计算机资源要求较低。它以人群作为研究对象，来研究人群整体的移动特征；而忽略了人员之间的相互影响和个人的特性等方面描述。所以，在人群密度较低的情况下，人群仿真的效果还比较真实，而对于大规模人群疏散仿真，则应用性不强。

微观仿真模型是以人的个体特性作为研究对象，并考虑人群中个体间的相互影响等因素，是通过对个体行为的仿真而得到宏观特征的建模方法。它适用于复杂的系统环境，在仿真大规模人群疏散过程中，这类模型的仿真结果应用性较强；由于涉及复杂的运算，对计算机资源可能要求较高，仿真过程可能需要较长的时间。目前比较常用的微观仿真模型有社会力模型、元胞自动机模型（Cellular Automaton Model，CAM）和多 Agent 系统模型（Multi-Agent System，MAS）等[①]。三个模型适用的仿真场景特点见表 4.1。

**表 4.1　常用微观仿真模型的适用场景**

| 类　型 | 优　势 | 局　限 |
|---|---|---|
| 社会力模型 | 对个体动力学特征进行仿真最有代表性的数学模型。可以体现人群运动的自组织现象 | 对个体建模需要设定复杂的建模规则；对大规模人群疏散仿真，计算效率很低 |
| 元胞自动机模型（CAM） | 将复杂的模型简单化，规则简单、计算速度快，适于大规模人群疏散模拟仿真 | 元胞的智能性较欠缺，忽视了个体对群体作用的影响；单独用于人群行为仿真，结果与实际偏差较大 |
| 多 Agent 系统模型（MAS） | 通过定义行为规则，个体可以结合环境的反馈信息，采取相应的行动 | 群体行为比较复杂时，规则的制定比较困难；Agent 做全局路径规划，计算量太大，适合处理小规模的群体 |

① 刘弘．基于群体智能的人群疏散路径规划仿真研究［J］．山东师范大学学报（自然科学版），2019，34（04）：393-401.

在表 4.1 中，社会力模型仿真大规模人群疏散时，由于要了解系统的功能、结构和复杂的个体模型，其计算效率很低。元胞自动机模型和多 Agent 系统模型都可以使复杂系统的研究简单化，元胞自动机适用于大规模人群疏散仿真，其不足是元胞自动机模型中元胞匀质单一、智能性不足；而多 Agent 系统模型则通过构建具有自治性、智能性和适应性的不同 Agent，来“涌现”系统的宏观特征，只是路径规划的范围不易过大。

目前，运用元胞自动机、多 Agent 系统模型对传统空间的人流疏散仿真研究已有较多成果。很多学者对地铁[①②]、机场[③]、寺庙等公共空间突发事件下的人流调控进行建模仿真，且构建的实验场景越来越逼近现实。模拟对象从单个房间、单个出口到多房间、多出口、多楼层[④]，从二维建模到三维可视化建模[⑤]；从人员疏散问题转向对建筑物出入口的宽度设计、疏散路径优化等问题均有涉及[⑥]。另外，系统模型逐渐包含了更多的行为细节，例如人的心理因素和行为特征等[⑦]。

上述微观仿真模型及其应用场景的分析，为景区应急管理阶段的客流疏散仿真提供了很好的研究思路和基础。景区客流应急疏散的仿真研究，首先，是在景区尺度下的局部发生非常规突发事件，游客在景区不同道路上的行为选择，并演化其群体的疏散路径；其次，是要通过施加客流调控措施，影响游客的个体行为选择，进而让事故点的客流能快速、安全疏散至景区的不同避难场所。为此，本书针对景区应用场景的特点，采用元胞自动机结合

① 姚加林，龙舜. 基于元胞自动机的地铁车站行人疏散仿真［J］. 铁道科学与工程学报，2019，16（11）：2897–2902.

② 李昌宇，武倩楠. 基于多智能体的地铁乘客应急疏散仿真建模［J］. 太原城市职业技术学院学报，2019（09）：172–174.

③ 宋洋，陈申高，兰思洁，等. 民用机场航站楼火灾人员疏散仿真研究［J］. 中国安全科学学报，2018，28（08）：31–37.

④ 杨瀚申，徐华，鞠志伟. 基于 Agent 的三维巷道人员疏散仿真研究［J］. 计算机技术与发展，2019，29（03）：132–137.

⑤ 李若菲，赵永翔，卢团团，等. 不同楼梯布局条件下行人疏散效果仿真研究［J］. 中国安全生产科学技术，2019，15（04）：160–166.

⑥ 丁元春，李文健，翁发禄，等. 建筑出口对人员疏散影响的计算机仿真模拟及分析［J］. 江西理工大学学报，2018，39（05）：79–84.

⑦ 刘翠娟，刘箴，柴艳杰，等. 人群应急疏散中一种多智能体情绪感染仿真模型［J］. 计算机辅助设计与图形学学报，2020，32（04）：660–670.

多Agent系统的混合模型来仿真景区的客流应急疏散，这既能发挥元胞自动机模型在大规模人群疏散仿真方面的功能，又能体现游客具有自治性、智能性和适应性的个体特征，“自下而上”的演化更接近现实的游客群体疏散过程。

# 第二节　元胞自动机模型

## 一、元胞自动机

元胞自动机（Cellular Automaton，CA）最先由著名数学家Von Neumann提出；科学家S. Wolfram的著作《一种新科学》推动了元胞自动机被科学界认可和接受。它实质上是定义在一个由具有离散、有限状态的元胞组成的元胞空间上，并按照一定的局部规则，在离散的时间维度上演化的动力学系统[①]。元胞自动机是由被称为“元胞”的部件组成；这些元胞在空间网格上有规则地排列在一起，就组成元胞空间。二维元胞空间的研究最为常见，且一般多划分为矩形、三角形或六边形等形式，如图4.1所示。一个元胞空间此刻的状态，只与其上一时刻本身及其邻近元胞的状态有关，这些邻近元胞是这个元胞的邻居，而上一时刻这个元胞空间及其邻居的状态对此刻该元胞状态的决定就是规则。规则可以是由某特定函数确定的规则，也可以是依靠概率等随机性的规则。元胞自动机常见的邻居类型有Von Neumann型、Moore型和扩展的Moore型[②]。

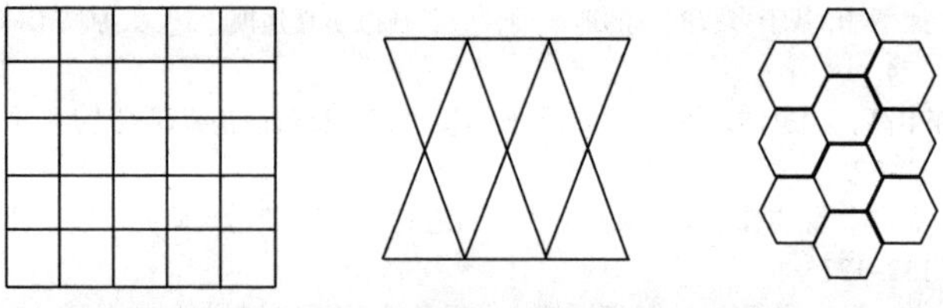

**图4.1　二维元胞空间常见的划分形式**

元胞自动机并行的开展系统演化，且同一元胞空间内的元胞演化规则是

①② 宣慧玉，张发. 复杂系统仿真及应用［M］. 北京：清华大学出版社，2008.

相同的。均匀一致的元胞具有空间离散、时间离散和状态离散的特征，其本身和它邻居此刻的状态决定了此元胞下一时刻的状态。基于元胞自动机上述的并行性、同质性、离散性和局限性等特征，其在模拟方面显示了较强的优越性，近年来得到了广泛的研究和应用。

## 二、改进的元胞自动机模型

现阶段，元胞自动机模型（CAM）已广泛用于模拟交通流、人流等仿真系统中。研究人流的经典元胞自动机模型通常具有图 4.2 所示的框架。在图 4.2 中，元胞自动机模型的一个关键特征是将空间离散为分布在二维平面上的元胞，每一个元胞通常有两个以上的邻居（图 4.2 中，每一个元胞有 8 个邻居）。此外，每一个元胞通常具有相同的单位容量，元胞空间的容量由包含的元胞数来决定。该经典元胞自动机模型主要用于研究规模较小的空间内的人流，如地铁站、教室和走廊等空间。

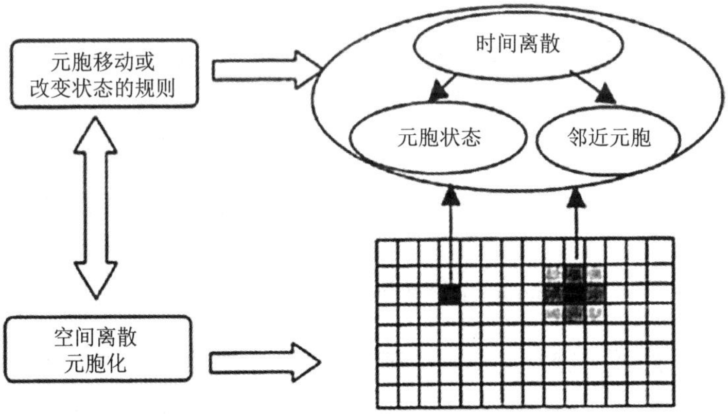


**图 4.2　经典的元胞自动机模型**

对于仿真景区尺度的道路网络问题，由于景区道路的宽度不一，且链路较多，这种经典的元胞自动机模型会非常占用计算机资源，需要较长的时间才能仿真出人群应急疏散的过程。同时，基于景区应急管理阶段的客流调控经验，在景区游客高峰时刻或者经常人流密集的部分景点，景区都会对设置在相关重要道路网络上的客流进行单方向的游览运动，以减少游客对撞，进而减少踩踏事件的发生概率。所以，经典的元胞自动机模型就显得难以适应景区客流应急调控的需要。我们需要对经典元胞自动机模型进行一些必要的、合理的简化，以便适用于空间尺度比较大的情景。在本书中，我们一方面是将一个路线网络的每个链路离散成一系列元胞，每一个元胞有两个邻居，即一个前导邻居和一个后继邻居；另一方面是由于一个景点中不同的道路可能有不同的宽度，因此允许不同的元胞内具有不同的容量，且容量的多少取决于关联链接的宽度，这点非常重要。然后，我们根据游客在景区路网中的位置，将它们分布在这些景区路网上的元胞单元格中。

在经典元胞自动机模型中，一个元胞单元中的游客可以朝八个不同的方向移动，即左、右、上、下、左上、右上、左下和右下的方向，如图 4.2 所示。不同的是，在我们简化后的元胞自动机模型中，元胞单元中的游客只能朝两个方向移动，即向前和向后，如图 4.3 所示。

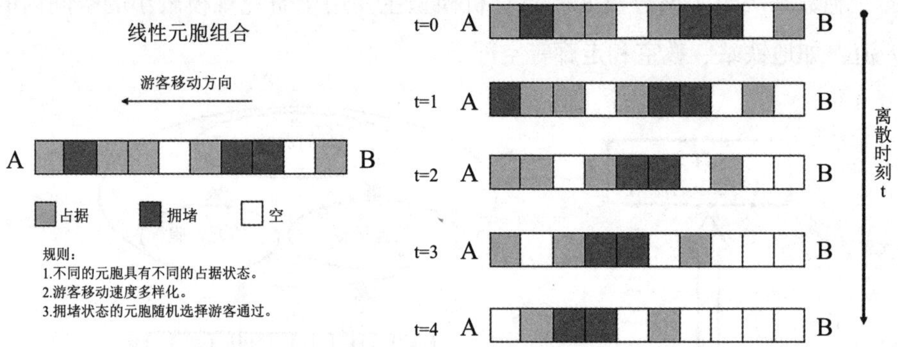


**图 4.3　客流在新 CAM 中的一个实例**

使用改进后的元胞自动机模型来模拟客流时，我们根据景区内游客分布情况，将一定数量的游客分配给元胞单元格。然后，根据游客行为模型定义每个游客的行为方式，例如，规定每个游客的移动速度等。其间，我们还需要考虑动态灾难事件模型和调控措施，结合一定的算法，使其成为元胞自动机模型的约束条件，对游客在模型规划后的疏散路径上进行仿真。

元胞自动机模型开始模拟路网中每个游客的移动，每个游客必须沿着局部规则设定的最佳疏散路线移动。对于游客来说，如果游客需要进入的下一个元胞单元没有超过其容量，那么该游客可以进入该单元格；否则，该游客必须在当前的元胞中等待。有时，许多游客需要按照他们计划的路径同时进入同一个元胞单元，而这个元胞的容量却不能同时接受所有游客。在这种情况下，根据元胞的容量，将随机选择一些游客进入元胞，而其他游客将不得不在其现在的元胞中继续等待。

我们可以根据实际情况来定义不同类型游客的移动速度，假设某类游客最小移动速度为 1m/s，即速度为 1m/s 的游客可以在模拟时间单位内移动 1 个单元。对于速度大于 1m/s 的另一类游客，在很大程度上，其实际移动速度取决于仿真过程的单位时间内需要通过元胞单元的拥挤程度。如果中间的元胞单元不拥挤，或者在该游客选择通过中间的元胞之前，中间的元胞单元还没有变成拥挤状态，则该游客可以通过该中间的元胞；否则，该游客必须在中间的元胞单元前一个元胞内等候。当然，我们通过游客的特征，还可以确定一个很快就会拥挤的元胞单元选择游客的可能性。例如，一个强壮、年轻、不礼貌的人比一个年龄较大的游客更有可能被选中。

## 第三节　多 Agent 系统模型

### 一、多 Agent 系统

Agent 的概念是 Minsky 在 1986 年最先提出的，他在《思维的社会》中认为 Agent 应具有社会交互性和智能性。随之，Agent 被引入人工智能和计算机领域，并迅速成为研究热点。Agent 在文献中经常被翻译为智能体或主体，具有自治性、适应性、智能性和社会性等基本特征。

多 Agent 系统（Multi-Agent System，MAS）是有多个可以交互作用的 Agent 按照自己的行为规则组成的，且为异步执行的并发系统。所以，Agent 的特征、Agent 系统的特性、多 Agent 间的关系以及多 Agent 系统的组织方法是研究 MAS 的关键问题。在多 Agent 系统中，每一个 Agent 都有自治性，社会性、适应性和智能性，能根据环境的变化进行独立的行为，且可以和外界环境以及其他 Agent 之间相互作用，并可能产生复杂的关系。

Agent 之间主要表现两方面的关系：结构相关性和行为相关性。结构相关性表现通常相对稳定，如不同 Agent 之间可能存在对立、上下级、亲属和继承等不同的组织结构关系；行为相关性是指 Agent 之间在行为上的相互作用与影响，这时，不同 Agent 主体可能会存在对稀缺资源的争抢，进而产生冲突，需采用合作、协商和竞争等不同机制消除冲突。如对于景区路网中的不同游客，可能会面临同时进入一个元胞单元中，此时如果元胞单元的容量不足，就会产生冲突。

多 Agent 系统模型是常见的微观仿真方法，主要是研究由大量具有 Agent 基本特征的微观个体演变而成的复杂系统，这些微观个体通过相互作用，可以完成任意一个 Agent 都无法独立解答的问题。多 Agent 系统仿真是从微观个体 Agent 的行为及其相互作用出发，通过仿真实验来揭示系统宏观过程的行为规律[①]。

基于多 Agent 系统建模是一种解决复杂社会系统的有效方法，非常适合用于突发事件的动态仿真[②]。其过程一般包含基础数据准备、概念模型与仿真系统构建、仿真实验及结论分析等[③]。开展多 Agent 系统建模的关键环节是构建概念模型，这需要对实际系统进行深入了解，找到研究的科学问题及与其相关的个体；然后对实际系统进行抽象，将相关个体抽象为智能主体 Agent，并建立主体模型；最后分析各 Agent 之间的交互机制。

## 二、景区客流调控的多 Agent 系统模型

### （一）景区客流调控的多主体模型

景区应急管理阶段的客流调控目标是面对非常规突发事件情景，将大量游客由事发地点快速疏散到周边的不同避难场所。此时景区是一个复杂的动态系统：游客、调控措施、路网和突发事件等不同主体处于不断的动态交互过程。虽然整个景区的客流难以用仿真模型完美描述，但从微观层面上看，景区局部的突发事件，其客流调控的过程是每个游客主动或被动转移至安全地点的整体体现，即人群疏散是基于游客个体行为选择的集体演化行为。多 Agent 系统模型可为景区应急管理阶段的客流调控提供很好的技术支撑。

在本书研究的景区客流应急疏散的仿真过程中，涉及景区系统的对象有：

---

① 宣慧玉，张发．复杂系统仿真及应用［M］．北京：清华大学出版社，2008.

② 范维澄，闪淳昌等．公共安全与应急管理［M］．北京：科学出版社，2017.

③ 张文静．基于多 Agent 的群体行为混合仿真模型研究［D］．首都经济贸易大学，2014.

游客、管理者、道路设施和景区内不同的突发事件。本书将分别为游客、决策、元胞、事件四类智能体建模。其中游客 Agent 是突发事件的主要承灾体，也是调控的主要对象；元胞 Agent 为游客疏散的载体，本书中将景区路网分割为不同容量的元胞，这些元胞有不同的拥挤状态和通行规则，二者具有非常突出的主体特征。决策 Agent 是通过管理者下达的疏散指令或疏散策略，是调控应急预案的具体措施；事件 Agent 是描述不同突发事件的严重程度、影响和扩散范围，也具有突出的主体特征。本书将管理者发布的调控措施作为影响游客的调控手段，以探索不同的调控策略对客流疏散的效果。

1. 游客 Agent 分析

对景区内的游客，可以抽象出游客 Agent 类，游客 Agent 能实时感知周边环境的变化，还可以根据具体情况对自己的行为做出调整，有独立的知识和决策判断能力。游客 Agent 在突发事件发生时，有自己的出发起点和目的地，正常情况下，会选择一条有效路径进行疏散，但是当受到调控措施影响时，游客 Agent 能够根据决策指令进行调整，改变其出行策略。所以可以给出游客 Agent 的定义：

游客 Agent:（ID，Location，Destination，Speed） （1）

其中，ID 表示游客的编号；Location 表示游客当前位置；Destination 表示游客疏散目的地；Speed 表示游客行走速度，现阶段通常依据年龄等不同进行划分。

2. 元胞 Agent 分析

调控过程中会根据景区的路网情况划分出不同容量的元胞，可以抽象出元胞 Agent 类，它是游客 Agent 完成疏散活动的主要载体。元胞 Agent 能对应景区的实际路网情况，根据路段的宽度、坡度等情况确定路网的元胞的容量、元胞的状态以及游客通过元胞的规则等，具有独立的知识和决策判断能力。所以，可以给出元胞 Agent 的定义：

元胞 Agent:（ID，Location，Capacity，State，Rule） （2）

其中，ID 表示元胞的编号；Location 表示元胞在路网的位置；Capacity 表示元胞的容量，能容纳多少游客；State 表示元胞的状态，拥堵的程度；Rule 表示元胞的通过规则。

3. 决策 Agent 分析

对景区内的疏散决策，可以抽象出决策 Agent 类，景区管理者通过摄像头等景区硬件设施，了解事发地点游客的分布和突发事件的严重程度，并通过应急广播等系统发布调控预案中相近的疏散指令，并由现场管理人员组织疏散指令的实施，每个决策都是根据不同非常规突发事件情景所形成的独立知识。

调控措施对于整个情景过程而言，是动态变化的；但对于单个游客来说，经常会贯穿其整个疏散的过程。所以，可以把决策 Agent 作为一个智能体，也可以作为路网中元胞的约束条件进行简化处理。因为我们的研究目标是演化每个游客，在面对非常规突发事件情景时的疏散过程，所以将决策 Agent 作为元胞自动机模型的约束条件更为合适，这里暂不做主体模型定义。

4. 事件 Agent 分析

对于景区中景点的突发事件，可以抽象出事件 Agent 类，事件 Agent 能对应景区的不同景点或具体位置，描述突发事件的级别、影响范围、扩散情况等，有独立的知识。

由于突发事件的种类繁多，对其特征表述的参数非常复杂。研究中通常将其用理想化的动态灾害模型来代替，本书这里我们也暂不做主体定义。

**（二）系统的交互机制研究**

景区客流应急调控的非常规突发事件多发生在景区局部，或是游客高峰时段拥堵的热门景点。对应的多 Agent 系统中各主体行为也会局限在一定的范围，通过各主体之间交互机制，来描述每个游客 Agent 的疏散路径，进而来涌现客流疏散的整体效果，如图 4.4 所示。

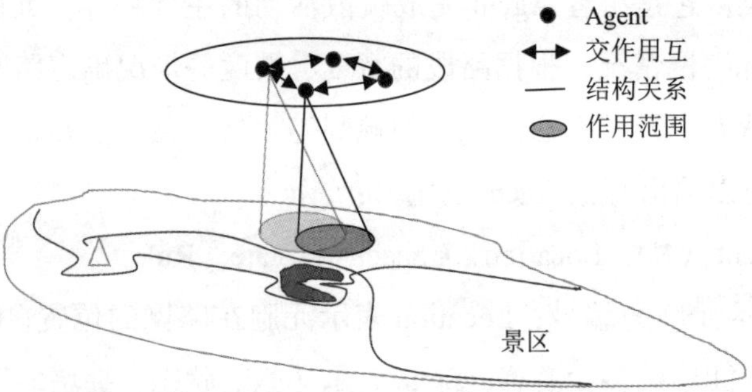


**图 4.4　景区多主体系统的概念场景**

景区局部的突发事件发生时，事件 Agent 会独立地开展行动。这时，我们可以通过景区视频监控系统或景区工作人员获知事件 Agent 的发生，管理者可以由动态灾难模型或专家系统等对事件特征进行评估，并综合游客 Agent 和元胞 Agent 等具体情况，作用于决策 Agent；随后，管理者通过应急广播系统或景区工作人员，将决策 Agent 的信息传递给游客 Agent；游客 Agent 通过结合多方面信息，按照疏散路径进行疏散，直至达到指定的避难场所。整个过程中各主体之间的交互情况如图 4.5 所示。

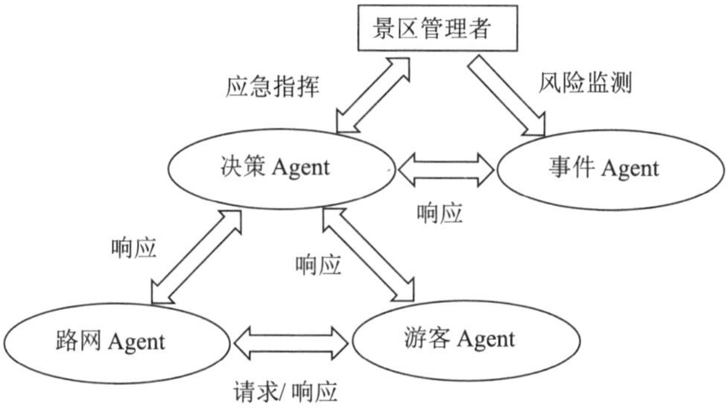


**图 4.5　各主体之间的相互作用**

# 第四节　涟漪扩散算法

## 一、客流最佳疏散路径问题

面对景区非常规突发事件，客流调控的主要目标是让游客快速、安全地疏散到避难场所，即引导游客通过最佳的疏散路径快速转移，所以规划游客最佳疏散路径在景区客流应急调控管理中起着至关重要的作用。

目前有两种流行的实践方法来找到最佳疏散路径。一种实践是将每个位置到其最近的疏散出口或避难场所的最佳静态路径进行标注，以便应急情况发生时广播给游客。不幸的是，这种静态路径在动态灾难事件中通常是不可行的，例如，在这种静态路径上可能发生火灾，这意味着发布的路径根本无法访问。另一种做法是根据目前的灾害情况，在线重新规划每个游客的疏散路线。然而，这种动态规划的路径往往会导致返回或返回行为，这意味着浪费时间。图 4.6 给出了这种动态规划路径浪费时间的原因[①]。从图 4.6 可以清楚地看到，在线规划的实际运行轨迹是一条曲折的路径，以避免障碍区域随时间而变化。然而，理论分析告诉我们，在给定的动力环境下，从起点到终点的直线路径是最佳的，因为它总是能够在正确的时间避开移动的障碍区域。显然，在景区的动态灾害事件中寻找能够始终避开移动障碍的最佳路径，对于规划游客疏散路径是非常有用的，这样可以节省大量的疏散时间。

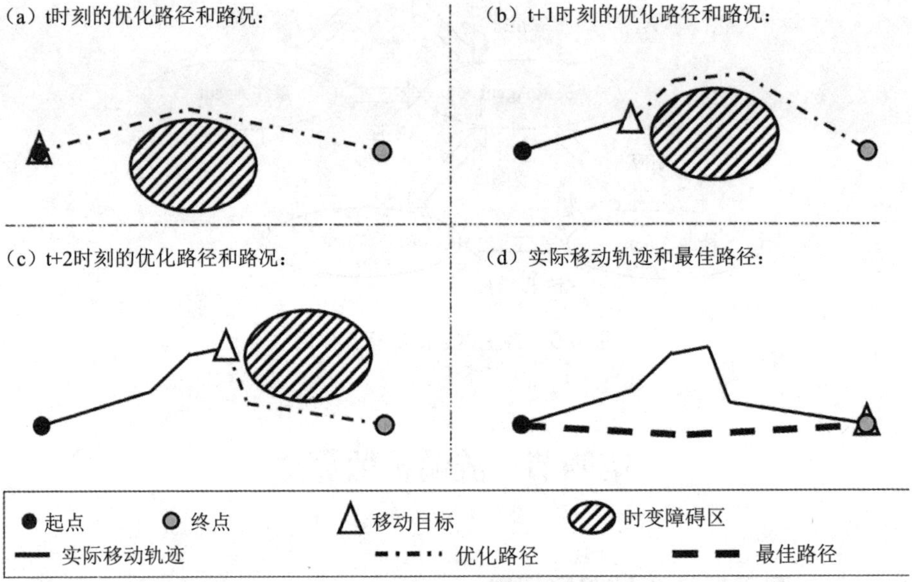


**图 4.6　动态重新规划路径**

在景区客流应急调控管理中，我们不仅要计算出某一个游客的最佳疏散路径，还要计算出景区内所有游客的最佳疏散路径。换句话说，这不是一个源点到一个目标终点的路径优化问题，而是一个多源到多个目标的路径优化问题。有多种方法可以解决一个源点到一个目标的路径优化问题，通过对每个源进行重复计算，可以用于解决多个源点到多个目标的问题。然而，由于

① Hu X, Zhang M, Zhang Q, et al. Co-Evolutionary path optimization by Ripple-Spreading algorithm [J]. TRANSPORTATION RESEARCH PART B-METHODOLOGICAL，2017，106：411-432.

客流应急疏散的紧迫性，最佳路径的计算所需时间应尽可能少，这是非常重要的。换句话说，如果所有游客的最佳疏散路径可以在一个方法的单次运行中找到，而不需要为每个游客重复该方法去计算，这将有利于提高计算效率，具有很强的实践意义。

## 二、涟漪扩散算法及其改进

### （一）涟漪扩散算法

在一片平静的水面上，我们扔进一块石头，石头会很快落入水底。但石头在水面造成的波浪会继续扩散，如果波浪冲击到水面上的障碍物，会形成中继波浪。依次，水面上会产生涟漪现象，直至波及很大的范围。有些社会安全的群体性事件往往具有这样的涟漪特征效应[①]。

自然界的涟漪现象反映了一个简单的优化原理，即在水面上，波纹以相同的速度向各个方向扩散，从而首先到达最近的空间点。胡小兵等利用这个优化原理来寻找静态单源到单目标路径优化问题中的最短路径，设计了涟漪扩散算法（Ripple-Sreading Algorithm，RSA）[②]。其主要的数学描述为一个涟漪半径扩大的行为，即：$r_{(t+1)}=r_{(t)}+s\times t$，其中 $r$ 为涟漪半径，$s$ 为涟漪扩散速度，$t$ 为不同涟漪间的时间差。

涟漪扩散算法已被用于研究金融风险、火灾风险等方面，可以较好地描绘基于智能体的、自下而上的传播过程。如图 4.7 所示。第一个涟漪从源（结点 1）开始，先后激活结点 2 和结点 3 的涟漪。两个新涟漪接着初始涟漪向后扩散，结果结点 3 的涟漪最先到达终点 4。所以，最优路径就是结点 1 到结点 3 到结点 4。

① 范维澄，闪淳昌等．公共安全与应急管理［M］．北京：科学出版社，2017.

② Hu X B，Wang M，Leeson M S，et al. A Deterministic Agent-Based Path Optimization Method by Mimicking the Spreading of Ripples［J］. EVOLUTIONARY COMPUTATION，2016，2（24）：319-346.

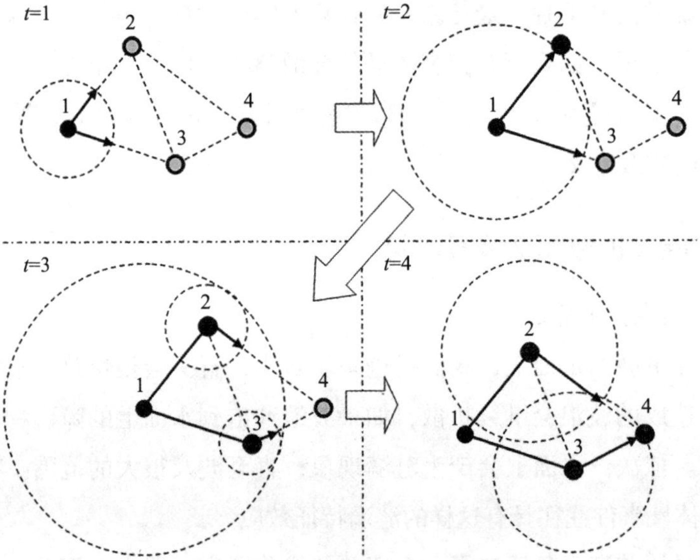


图 4.7　RSA 与单源到单目的地的问题

图 4.7 的过程实际上是一个基于设定时间单位或步长的仿真过程，即当模拟时间超过一个时间单位时，所有的涟漪都按照涟漪扩展速度乘以一个时间单位所确定的距离展开。动态灾害事件的演化也是基于模拟的时间单位，如火灾是随着时间单位进行蔓延的。这意味着灾难事件的动态性可以无缝地集成到 RSA 的波纹中继过程中。更进一步观察，涟漪总是可以避免那些被动态灾难事件阻塞的结点和 / 或链接。也就是说，具有综合灾害事件动力学的涟漪扩散算法可以在给定的动态灾害事件中找到最佳疏散路径。

基于涟漪扩散算法，胡小兵等提出了一种涟漪扩散网络模型[①]。此模型的核心是一个涟漪扩散仿真过程，该模型的行为由一组涟漪扩散参数所决定，如涟漪扩散速度、涟漪的初始能量、涟漪能量的衰减率、结点被联结的能量阈值、结点被激活以产生新涟漪的能量阈值和结点的能量放大率等。通过设定上述参数的值来启动涟漪扩散，我们就可以得到一个具体的网络结构。图 4.8 以简洁直观的形式给出了涟漪扩散网络模型的基本机理。扩散从源点开始后，会依次到达各结点，各结点要根据能量的大小进行激活，直到模型运行

① Hu X，Zhang C，Zhang G，et al. Finding the k shortest paths by ripple-spreading algorithms［J］. ENGINEERING APPLICATIONS OF ARTIFICIAL INTELLIGENCE，2020，87.

时间截止或者涟漪的能量衰减到某一水平而结束。

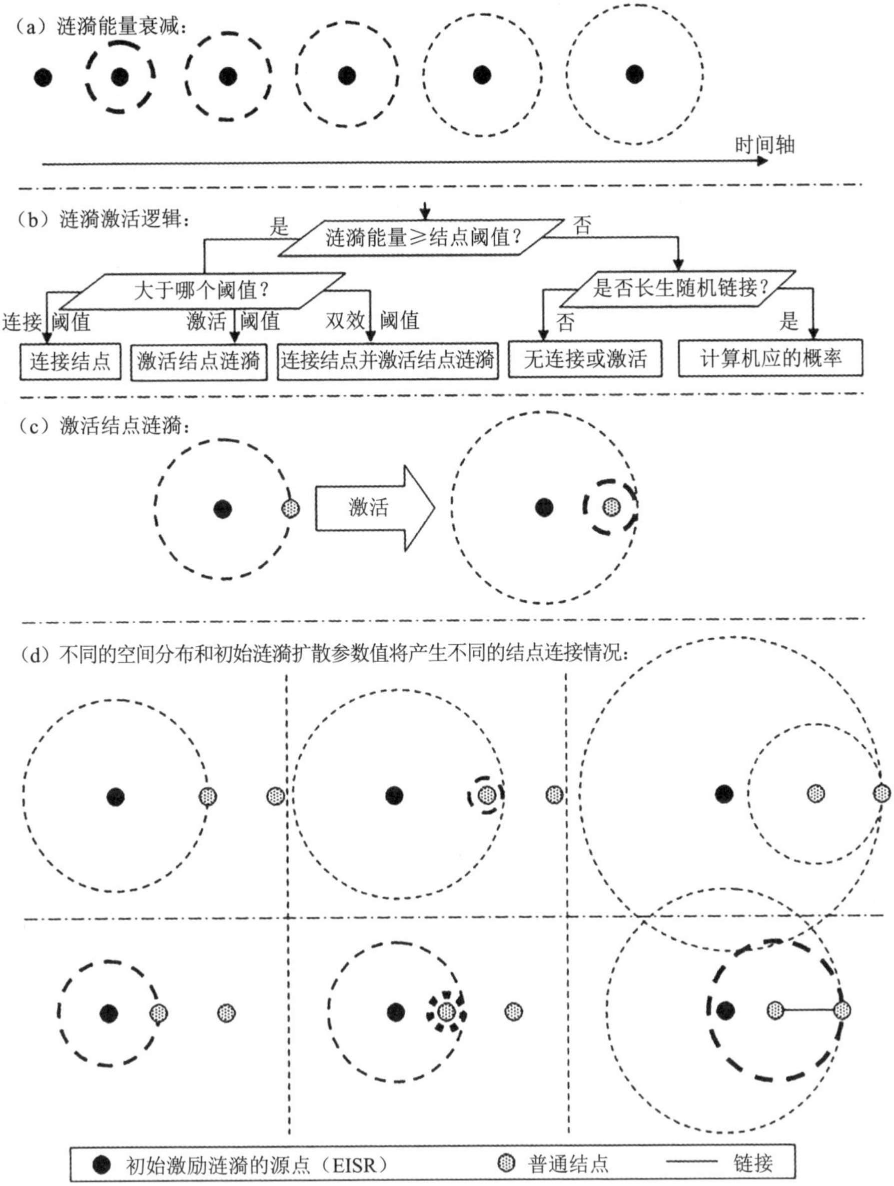


**图 4.8 涟漪扩散网络模型的基本机理**

### （二）涟漪扩散算法的改进

在上述给定的动态路线环境中，涟漪扩散算法仅适用于一个源点到一个目的地的问题，并且允许在阻塞的结点/链路前等待行为。在动态灾害事件中，等待行为是不必要的，例如，一旦一个结点或链路受到火灾或泥石流的影响，它通常会变得不可接近，并且在整个应急管理过程中很难重新再启用。

为了解决在景区游客高峰时段，面对非常规突发事件，快速给出所有游客的最佳疏散路径问题，我们需要对涟漪扩散算法进行改进。也就是实现在给定的动态灾害事件中，仅通过一次运行就可以找到所有游客的最佳疏散路径①。图 4.9 给出了多个源点到多个目的地问题的 RSA 图例说明。为此我们要做以下工作。第一，要允许有多个初始波纹。RSA 对于一个源点到一个目的地的问题，开始时只有一个初始涟漪，且涟漪从源点到目的地移动。而改进的 RSA 要扩展到多个源点到多个目的地，并且在涟漪中继过程开始时为每个目的地初始化一个涟漪，然后涟漪从其源点扩散到这个目的地。第二，涟漪不允许在被阻塞的结点或链接前面等待。第三，当每个源点至少达到一个涟漪时，涟漪中继过程将停止。

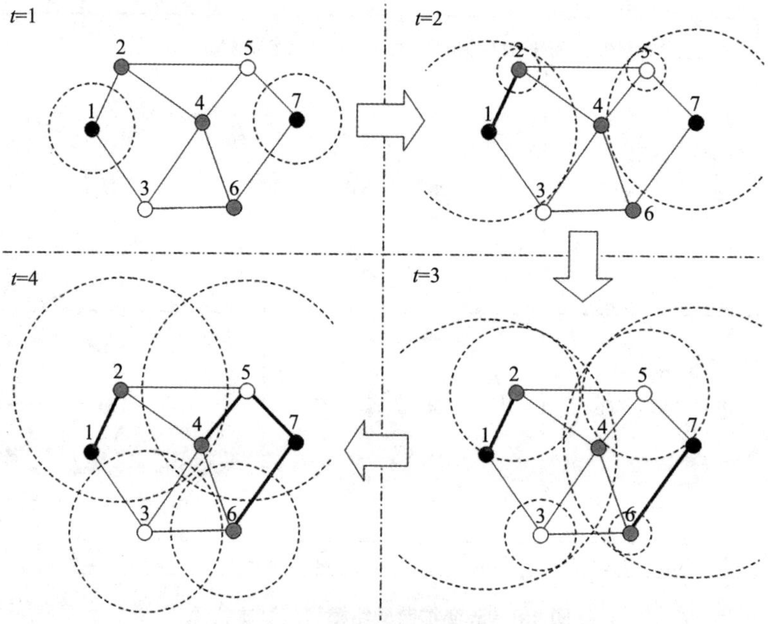


图 4.9　RSA 与多个源点到多个目的地的问题

① Hu X，Zhang C，Zhang G，et al. Finding the k shortest paths by ripple-spreading algorithms［J］. ENGINEERING APPLICATIONS OF ARTIFICIAL INTELLIGENCE，2020，87.

我们通过设定一些参数，对改进后的涟漪扩散算法进行必要的说明。假设景区路网G由结点V和链接E组成，其中V是N个结点的集合，E是L个链接的集合；路网M可以用结点的链接矩阵N×N来表示，$M(i, j)$的值表示结点间是否有链接；$M_{K|0}$表示0时刻预测$k$时刻的邻接矩阵；向量$R$来表示路径，$R(i)$表示路径$R$的第$i$个结点；$S_L(i, j)$表示结点$i$和结点$j$链路上涟漪的速度；$F_R(i)$表示路径$R$中的$i$结点被哪个结点的涟漪激活；$r_R(i)$表示涟漪$i$的半径；$S_R(i)$表示涟漪$i$的状态，值为0说明涟漪不活跃，1表示活跃，2表示消亡。

改进的*RSA*算法工作流程为：

第1步：初始化，$F_R(i)=0$，$S_R(i)=0$，$r_R(i)=0$，$i=1, 2, \cdots N_N$。

$F_R(i)=0$表示路径$R$的结点$i$未被激活，$S_R(i)=0$表示涟漪$i$不活跃，所以涟漪的半径$r_R(i)=0$。

第2步：$k=0$，当前时间$t=k|0$，设$F_R(1)=1$，$S_R(1)=2$。

第3步：判断结点$N_N$是否被涟漪激活，若$F_R(N_N)=0$，则：

第3.1步：$k=k+1$，更新时间$t=k|0$.

第3.2步：根据动态灾害变化规律，更新路网$M_{K|0}$的状态。

第3.3步：$S_R(i)=1$，涟漪$i$活跃，则涟漪$i$会沿着与结点$i$相连的链接进行扩散，那么更新涟漪$i$的扩散半径。这里假设结点$i$与结点$m$通过第$q$条链路相连，则扩散半径$r_R(i, q)=r_R(i, q)+S_P(i, m)$。

第3.4步：根据路网$M_{K|0}$，对于可连通的结点$n$，如果$S_R(n)=0$，且有至少1个活跃的涟漪到达过，如一个活跃涟漪$i$沿着第$q$条链接扩散到结点$n$，那要根据$i$涟漪到达结点$n$的时间更新半径$r_R(n)$。

第3.5步：根据路网$M_{K|0}$，对于不可连通的结点$n$，如果$S_R(n)=0$，则设置$r_R(n)=0$，$F_R(n)=i$，由于动态灾害不能达到该结点，所以其结点状态保持为$S_R(n)=0$。

第3.6步：对于任意的涟漪$i$来说，无论其活跃与否，如果对于每个具有$M_{K|0}(i, n)=1$的结点$n$，$F_K(n)>0$，那么设置$S_R(i)-2$，表示涟漪$i$消亡。

由于设定了每个结点最多被激活一次，所以当结点产生的涟漪沿着各个链接扩散时，所有与之相连的结点都有涟漪到达后，该结点涟漪就消亡，并不再由于其他涟漪到达而重新产生涟漪。

第 4 步：从 $F_R$（$N_N$）回溯，可确定最优路径。

通过上述改进，我们只需进行一次涟漪中继过程，就可以找出给定动态灾害事件下所有游客的最佳疏散路径。相应地，面对景区发生的非常规突发事件，我们可以使用改进的涟漪扩散算法，尝试对景区路网上的元胞进行约束，达到对路网上客流的疏散仿真。

## 第五节　景区客流应急疏散仿真系统

### 一、数据准备与采集

#### （一）游客数据

对景区游客高峰时段的客流应急疏散仿真过程中，客流是疏散对象，所以游客数据是基础数据，也是最重要的数据。游客数据的准备主要包括两个方面：景区客流的画像数据和景区客流的时空分布数据。

景区客流的画像数据要通过对大量的游客数据分析才能相对准确，主要由游客的性别、年龄、来源地、受教育程度、职业、收入等信息来描述。早期的游客数据常采用调查问卷等方式来获取，受限于游客样本数量和采集方式，很难获得景区客流的规模性数据；目前，主要通过信息化手段获取客流的详细信息，如网络门票预约、运营商数据、设备识别与采集技术等。这些多模态数据，需要经过大数据等技术处理后才方便使用。在数据获取与使用过程中，值得注意的是，数据的隐私保护越来越重要。

景区客流的时空分布特征也是需要大量的数据支持才能获得，主要是通过景区客流按时间、空间和时空等维度信息的聚集与扩散规律来描述。按时间的客流特征常从年度、季度、月度、日度等维度来分析客流；按空间的客流特征常从游客在景区内聚集与扩散的空间分析客流；按时空的客流特征是分析不同时间维度下客流在景区内的聚集热力分布等。景区客流时空分布特征数据的采集主要是运营商数据、调查问卷、RFID、设备识别技术等。更为主要的是，景区客流时空分布特征数据需要较长时间的持续积累，才能较为准确地刻画出景区客流的时空分布特征。

### （二）路网数据

路网数据是对现实景区中道路交通的客观抽象，能真实地反映景区道路的内部结构和关系，所以路网数据是景区客流应急疏散仿真的基础数据。路网数据的特征数据主要由结点和路段链路等信息组成，另外景区的避难场所也要在路网上有清晰的标注。

目前景区路网的采集通常经历两个过程：首先，通过百度地图、高德地图等的地图 API 接口获取景区基础的路网框架；其次，还需要到景区实地勘测或查询资料，以获取景区路网信息的路段宽度、坡度等精确信息；最后，将路网的拓扑结构和路网的精确信息整合，并保存至数据库中。同时，还要仔细查找路网的链路和结点信息是否准确和完备，不然很难保证客流调控仿真结果的有效性。

### （三）情景数据

不同景区由于在文化和自然环境、所属地的经济社会发展水平等诸多方面存在差异性，其面对的突发事件会有很大差别。而其中的非常规突发事件则是景区客流安全管理中最难以控制的风险要素。非常规突发事件可能有很多种形式，但基本源于自然灾害、事故灾难和社会安全事件三个方面[①]。

情景是对突发事件更细粒度的描述，其内容包括诱发条件、破坏强度、波及范围、发展程度及严重后果等。情景能否通过数据进行描述？怎么通过数据进行相对精确的描述其演变过程？目前，学界还很难看到相关的研究，仅仅是少数文献有关于火灾动态模型的分析[②]。但是，毫无疑问，清晰而精确的非常规突发事件情景描述，特别是能够量化后的情景数据，对于景区客流疏散仿真是至关重要的。它基本决定了突发事件的风险致灾强度和动态波及范围，所以是事故点客流最优疏散路径如何规划的最重要基础数据之一。但限于目前的研究成果，本书研究过程中的非常规突发事件情景，只能用理想化模型进行简化分析。

① 范维澄，闪淳昌等．公共安全与应急管理［M］．北京：科学出版社，2017.

② 张广骏，李耀东．基于Agent的森林火灾系统建模仿真［J］．计算机工程与设计，2010，31（20）：4451-4454.

需要说明的是，虽然非常规突发事件具有“离散随机小概率”的特质，但它不是一个具体事件的投影，而是假定一定发生事件的凝练和预期风险的集合。基于它的高度复杂性，本书基于研究的需要，选用动态灾害模型来替代景区内的非常规突发事件，以表示灾难模型是对景区密集客流产生的风险集合。

## 二、客流应急疏散仿真的系统框架

在景区游客高峰时段，叠加如火灾、泥石流等非常规突发事件，虽然是小概率事件，但由于人员密集而可能引发高强度的次生灾害风险，其对于景区安全管理的冲击不能忽视。为了模拟突发事件事故点的游客如何快速安全地疏散到避难场所，我们搭建了景区客流应急疏散仿真的系统框架，如图4.10所示。

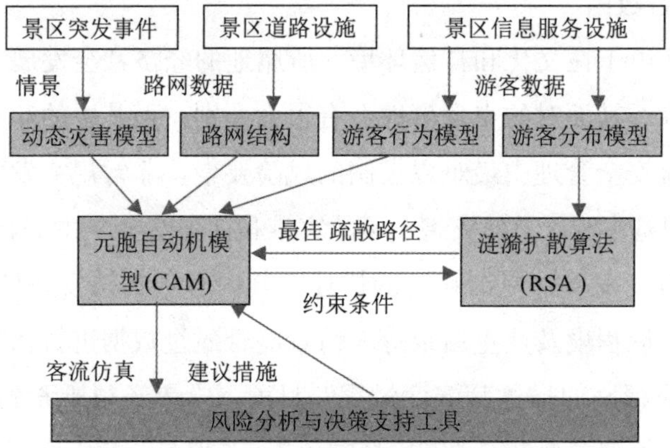


**图 4.10　景区客流应急疏散仿真系统框架**

在此仿真系统中，输入是我们采集和生产的基础数据：游客数据、路网数据和情景特征数据。游客数据通过游客行为模型和游客分布模型获得，我们可以得到景区或局部的游客画像与密度分布，完成对游客特征的抽取和描述；通过路网数据我们可以画出景区道路的拓扑网络和各路网的宽度，并标注出结点、路段和避难场所，以便对游客的空间分布和位置移动进行描述；动态灾害模型能对应一些灾难情景，并完成景区内事故点的危害识别和风险分析等情景的描述。

我们给出该仿真系统的工作过程。首先，构建了一个可能发生的非常规突发事件情景，将动态灾情数据和景区路网数据直接输入元胞自动机模型中，并对景区内路网进行元胞划分；游客数据通过游客行为模型产生游客行为数据，也同样输入元胞自动机模型后，路网的元胞单元就被游客 Agent 所占据，形成路网的元胞 Agent。

仿真系统的引擎是元胞自动机模型，而涟漪扩散算法模型除了接收游客分布数据外，还将受到元胞自动机模型的约束，约束条件与动态灾害情景、客流控制措施有关。在考虑到游客分布和约束条件情况下，涟漪扩散算法模块将计算出给定动态灾害情景下每个游客的最佳疏散路径。然后，基于这样的最优疏散路径，元胞自动机模型将开始模拟目前动态灾情下的客流疏散行为。

仿真系统中的风险分析和决策支持工具将对仿真客流进行分析，并向元胞自动机模型提出一些客流控制措施。有了这些建议的措施，元胞自动机模型将重新运行客流的模拟，在此之前，基于这些建议的措施，RSA 需要重新计算新约束下的最佳疏散路径。重复执行上述过程，直到对景区内某灾害点的某一动态灾害情景制定出满足实践需要的客流调控措施。

## 三、数值仿真与分析

在图 4.10 所示的仿真系统框架中，包含了许多功能模块，其中改进的涟漪扩散算法（RSA）和元胞自动机模型（CAM）是两个非常关键的模块。它们将在很大程度上决定仿真系统的工作性能。下面我们给出这两个模块基于 Matlab 软件测试的初步结果。

### （一）涟漪扩散算法（RSA）数值仿真与分析

如前面所述，改进后的涟漪扩散算法（RSA）模块不仅解决了景区内游客多个源点到多个目标的路径优化问题，还实现了在一次涟漪扩散算法（RSA）运行中找出所有游客的最佳疏散路径，提高计算效率。为了证明这一点，我们进行了以下实验，将改进后的涟漪扩散算法（RSA）与一种多次重复解决一个源点到一个目标问题的涟漪扩散算法（RSA）进行了比较。为了公平比较，我们使用已有文献中的 RSA 作为优化器来解决一个源点到一个目的地的问题①，并且考虑到存在 $N_S$ 个源，重复 RSA 计算 Ns 次，每次使用不同的源。

本实验共有 5 组测试，分别为 $N_N$=2000、4000、6000、8000 和 10000 个结点。在每一组测试中，我们随机生成 100 个路由网络。在每个路由网络中，10% 的结点是目的地，其他结点是源，如图 4.11 所示。然后，我们应用这两种方法来解决每个路由网络的问题，并比较两种方法的路径长度（PL）和计算时间（CT）。表 4.2 给出了实验的平均结果，从中可以看出：

（1）两种方法在所有测试中的 PL 值完全相同，因为 RSA 方法具有最佳性保证，这意味着修改后的 RSA 总是可以找到最佳路径。

（2）在 CT 值来看，改进后的 RSA 比原 RSA 方法快得多，而且 NN 越大，改进的 RSA 就越有利。

实验结果表明，本书改进的 RSA 算法将有助于提高仿真系统的计算效率。

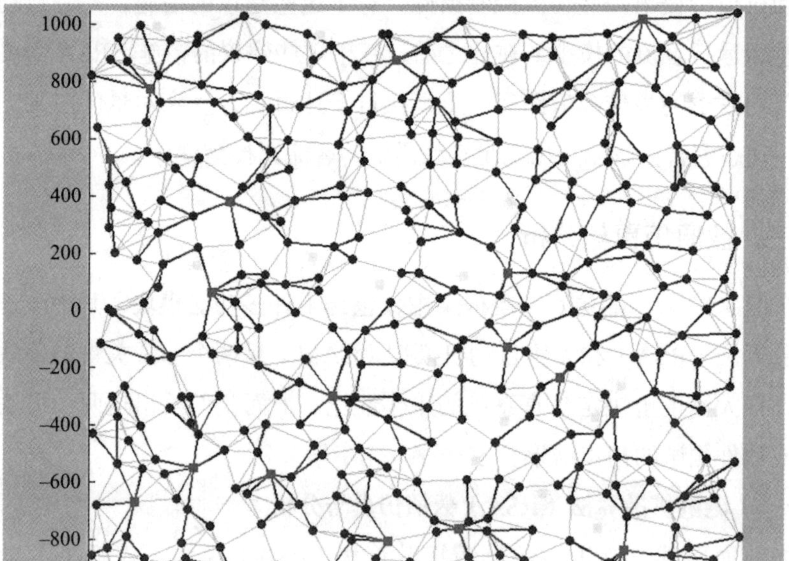


图 4.11 测试 RSA 的示例

① Hu X B, Wang M, Leeson M S, et al. A Deterministic Agent-Based Path Optimization Method by Mimicking the Spreading of Ripples [J]. EVOLUTIONARY COMPUTATION, 2016, 2 (24): 319-346.

表 4.2 RSA 改进前后的平均测试结果

| 方法<br>组次 | RSA | | 修改后的 RSA | |
|---|---|---|---|---|
| | PL | CT | PL | CT |
| $N_N$=2000 | 473.52 | 18.32 | 473.52 | 0.21 |
| $N_N$=4000 | 454.03 | 61.08 | 454.03 | 0.45 |
| $N_N$=6000 | 433.75 | 167.33 | 433.75 | 0.72 |
| $N_N$=8000 | 421.84 | 266.45 | 421.84 | 1.07 |
| $N_N$=10000 | 413.99 | 405.93 | 413.99 | 1.41 |

## （二）元胞自动机模型（CAM）功能测试

我们基于 Matlab 软件编程对 CAM 模块进行功能测试（核心代码见本章案例资料）。本次试验采用北京颐和园景区的路网，对景区客流进行了模拟。试验在模拟开始时，在线路网络上随机生成和分发游客；然后，为苏州街景点附近的元胞内每位游客设计沿 RSA 计划的路线疏散。如图 4.12 所示。图中展示了颐和园景区路网被分割为 31509 个不同宽度、长度为 1 米的元胞。不同元胞的整体情况，元胞的容量与实际景区路径的宽度相关，元胞的颜色表示单元格的拥挤程度。在客流疏散模拟过程中，单元格的颜色随着时间的推移而变化，这可以直观地显示热门景点的客流疏散过程的演化。

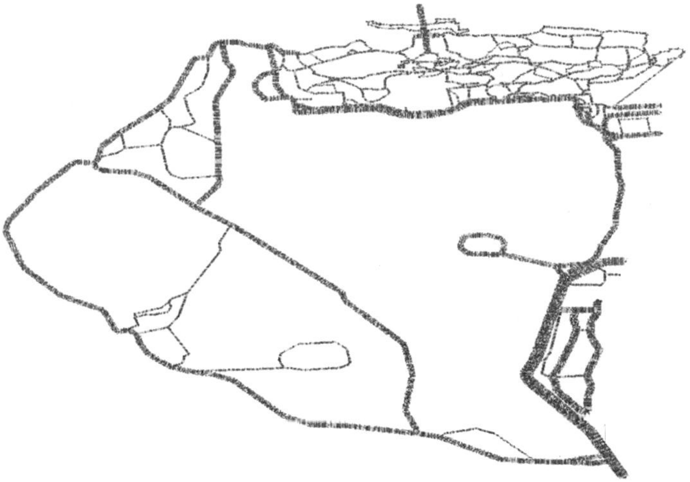

图 4.12 颐和园路网与元胞分割示例

# 第六节　本章小结

本章基于系统建模与仿真理论，重点研究了景区客流应急疏散的仿真系统，以期演化景区游客高峰时段发生非常规突发事件时，客流如何快速、安全地从事故点疏散至避难场所的难题。首先，对人群应急疏散仿真方法进行了概述；接着，根据景区客流疏散的特点与现实需求，选用基于元胞自动机（CAM）和多 Agent 系统（MAS）的混合模型作为仿真模型，并对元胞自动机模型、多 Agent 系统模型和涟漪扩散算法（RSA）进行了改进；随后，介绍了客流疏散仿真的数据准备与收集，并通过构建景区客流应急疏散仿真的系统框架，阐述如何获得非常规突发事件情景下的客流调控措施；最后，对改进的元胞自动机模型和涟漪扩散算法进行了数值仿真与功能测试。通过前面章节的研究，为景区游客高峰时段的客流安全管理和应急调控决策引入了科学的技术手段。

［**案例资料**］

基于 Matlab 软件的主要算法实现

改进的涟漪扩散算法代码（部分）：

```
function [Fitness,Result,NW]=RippleSpreadingMSMDP3v2(NW,VSorD,...
                                        SPPara,DrawData,NWPara)
    if nargin<5 | isempty(NWPara)
        NWPara=[832 6 0 0.05 0 0 0.05 0.1 0.5];
    end
    if nargin<1 | isempty(NW)
        NW=GenerateRandomNetwork(NWPara(1),NWPara(2),...[NWPara(3)
    NWPara(4)],NWPara(5),NWPara(6));
    end
    if NWPara(5)>0
```

```
    rand['seed',NWPara(5)];
end
if nargin<2 | isempty(VSorD)
    VSorD=-ones(NW.NNodes,1);
    for n=1:1:NW.NNodes
        rn=rand;
            if rn<NWPara(7)
                VSorD(n)=0;
            elseif rn<NWPara(8)
                VSorD(n)=1;
            elseif rn<NWPara(9)
                VSorD(n)=-2;
            end
        end

        VSorD(ceil(NW.NNodes))=1;
end
if nargin<3 | isempty(SPPara)
    SPPara=[0.5];
end
if nargin<4 | isempty(DrawData)
    DrawData=1;
end
Fitness.NTN=zeros(NW.NNodes,1);
Fitness.PL=zeros(NW.NNodes,1);
Fitness.rPL=[inf 0];
Fitness.rNTN=[inf 0];
Result.VSorD=VSorD;
Result.CT=0;
```

```
Result.NLoops=0;
Result.WNR=[];
Result.NRbyWL=[];

MinDis=min[NW.VLinks(:,3)];
RSspeed=SPPara(1)*MinDis;
if RSspeed==0
    disp('Warning in RippleSpreadingMSMDP3!');
    disp('Ripple-spreading speed is zero!');
    RSspeed=1;
end

    ct=cputime;
    figure(1);
    if DrawData>0
        %clc
        disp('RippleSpreadingMSMDP3 searching for a solution...');
        clf
        for n=1:1:NW.NLinks
            n1=NW.VLinks(n,1);
            n2=NW.VLinks(n,2);
            VSorD=cell2mat(NW.Nodes(:,6));
            if VSorD(n1)==0 | VSorD(n2)==0
                line([NW.X(n1) NW.X(n2)],...[NW.Y(n1)
            NW.Y(n2)],'Color','y',... 'LineWidth',1,'LineStyle','-.');
            else
                line([NW.X(n1) NW.X(n2)],... [NW.Y(n1)
            NW.Y(n2)],'Color','g',... 'LineWidth',1);
            end
```

```
        end
        for n=1:1:NW.NNodes
            if VSorD(n)==0
                line(NW.X(n),NW.Y(n),'Color','y',...'Marker','s','MarkerFac
            eColor','y','LineWidth',1);
            elseif VSorD(n)==1
                line(NW.X(n),NW.Y(n),'Color','r',...'Marker','s','MarkerFac
            eColor','r','LineWidth',1);
            elseif VSorD(n)==–1
                line(NW.X(n),NW.Y(n),'Color','b',...'Marker','o','MarkerFac
            eColor','b','LineWidth',1);
            elseif VSorD(n)==–2
                line(NW.X(n),NW.Y(n),'Color','b',...'Marker','o','MarkerFac
            eColor','g','LineWidth',1);
            end
        end
        axis(NW.CRange);
    end

    NDNodes=0;
    DTag=zeros(1,NW.NNodes);
    for n=1:1:NW.NNodes
        if VSorD(n)==1 | VSorD(n)==0
            WNR(n)=n;
        else
            WNR(n)=0;
            if VSorD(n)==-1
                DTag(n)=1;
                NDNodes=NDNodes+1;
```

```
            end
        end

        if VSorD(n)==1
            WNRE(n)=1;
        else
            WNRE(n)=0;
        end
    end

    NRbyWL=zeros(NW.NNodes,1);
    RRofN=zeros(NW.NNodes,1);
    nloops=0;
    Maxloops=10000*NW.NLinks;
    ict=[0 0 0 0];
    while sum(DTag>1)<NDNodes
        tict=cputime;
        nloops=nloops+1;
        if nloops>=Maxloops
            disp('Error in RippleSpreadingMSMDP3!');
            disp('Max number of running loops is reached!');
            return;
        end

        cnRE=0;
        cVRE=[];
        for n=1:1:NW.NNodes
            if WNRE(n)==1
                cnRE=cnRE+1;
```

```
            cVRE(cnRE)=n;
        end
end

if cnRE==0
        disp('Warning! There is no more active ripples before all
destinations are reached!');
        disp('This means there is at least one destination unreachable!');
        break;
end
ict(1)=ict(1)+cputime–tict;

tict=cputime;
tWNR=WNR;
for k=1:1:cnRE
        n=cVRE(k);
            RRofN(n)=RRofN(n)+RSspeed;
            for m=1:1:NW.VND(n)
                wl=NW.MNC(n,m);
                if NW.VLinks(wl,1)==n
                    nn=NW.VLinks(wl,2);
                else
                    nn=NW.VLinks(wl,1);
                end

                if WNR(nn)==0
                    if RRofN(n)>=NW.VLinks(wl,3)
                        if RRofN(nn) < RRofN(n)–NW.VLinks(wl,3)
```

```
                        tWNR(nn)=n;
                        NRbyWL(nn)=wl; % reach by link wl
                                    WNRE(nn)=1;
                        RRofN(nn)=RRofN(n)–NW.VLinks(wl,3) ;

                         if DTag(nn)==1
                            DTag(nn)=2;
                        end
                    end
                    end
                end
            end
        end
        WNR=tWNR;
        ict(2)=ict(2)+cputime–tict;

        tict=cputime;
        for k=1:1:cnRE
        n=cVRE(k);
            OK=0;
            for m=1:1:NW.VND(n)
                wl=NW.MNC(n,m);
                if NW.VLinks(wl,1)==n
                  nn=NW.VLinks(wl,2); % next node
                else
                    nn=NW.VLinks(wl,1);
                end

                if WNRE(nn)==0 ...
```

```
            & ( VSorD(nn)==-1 | VSorD(nn)==-2 )
        OK=1;
    end
    if DrawData>10 ...
            & ( VSorD(nn)==-1 | VSorD(nn)==-2 ) ...
            & WNRE(nn)==0 & WNR(n)~=nn
        if RRofN(n)>=NW.VLinks(wl,3)
            line([NW.X(n),NW.X(nn)],...
                [NW.Y(n),NW.Y(nn)],'Color','b',...
            'LineWidth',1);
        else
            line([NW.X(n),...NW.X(n)+(NW.X(nn)-
            NW.X(n))*RRofN(n)/NW.VLinks(wl,3)],...
            [NW.Y(n),...NW.Y(n)+(NW.Y(nn)-
            NW.Y(n))*RRofN(n)/NW.VLinks(wl,3)],...
            'Color','r',... 'LineWidth',1);
        end
    end
end

if ~OK
    WNRE(n)=-1;
    RRofN(n)=-RRofN(n);

    if DrawData>10
        if VSorD(n)==1
            line(NW.X(n),NW.Y(n),'Color','b',... 'Marker','s','
        MarkerFaceColor','b','LineWidth',1);
      else
```

```
                line(NW.X(n),NW.Y(n),'Color','b',... 'Marker','o','
            MarkerFaceColor','b','LineWidth',1);
            end
        end
    else
        if DrawData>10
            if VSorD(n)==1
                line(NW.X(n),NW.Y(n),'Color','r',...  'Marker','s',
            'MarkerFaceColor','r','LineWidth',1);
            else
                line(NW.X(n),NW.Y(n),'Color','r',... 'Marker','o','
            MarkerFaceColor','r','LineWidth',1);
            end
        end
    end
end

if DrawData>10
    pause(0.1);
end
ict(3)=ict(3)+cputime–tict;
end

if DrawData>0
    ict
end

Result.CT=cputime–ct;
Result.NLoops=nloops;
```

```
if DrawData>0
    disp(strcat('Computational time (sec) to find an MSMD solution : ',...
num2str(Result.CT)));
    disp(strcat('The number of running loops : ',... num2str(nloops)));

    clf
    DrawASolution2(NW,VSorD,WNR,NRbyWL);
end

for n=1:1:NW.NNodes
    if VSorD(n)==-1
        cn=n;
        nn=WNR(cn);
    if nn==0
        Fitness.NTN(n)=inf;
        Fitness.PL(n)=inf;
    else
        while VSorD(nn)~=1
            Fitness.NTN(n)=Fitness.NTN(n)+1;
            Fitness.PL(n)=Fitness.PL(n)+NW.VLinks(NRbyWL(cn),3);
            cn=nn;
           nn=WNR(cn);
        end
        Fitness.PL(n)=Fitness.PL(n)+NW.VLinks(NRbyWL(cn),3);
    end

    if Fitness.PL(n)<Fitness.rPL(1)
        Fitness.rPL(1)=Fitness.PL(n);
```

```
            end
            if Fitness.PL(n)>Fitness.rPL(2)
            Fitness.rPL(2)=Fitness.PL(n);
            end
            if Fitness.NTN(n)<Fitness.rNTN(1)
           Fitness.rNTN(1)=Fitness.NTN(n);
            end
            if Fitness.NTN(n)>Fitness.rNTN(2)
                  Fitness.rNTN(2)=Fitness.NTN(n);
            end
        end
end

if DrawData>0
        disp(strcat('PL=',num2str(mean(Fitness.PL)),...
            '; NTN=',num2str(mean(Fitness.NTN)),...
            '; CT=',num2str(Result.CT),...
            '; NLoops=',num2str(nloops)));
end

NQ1=(1);
NNQ=sumsamearray1(NQ1,VSorD,1,1,1);
NQ=find(VSorD==-1);
[XNQ,~]=size(NQ);
BestR = cell(1,XNQ);PL1=cell(1,XNQ);
for i=1:1:XNQ
      BestR{i} = [NQ(i)];
      while VSorD(BestR{i}(size(BestR{i},2)))~=1
            j=size(BestR{i},2);
```

```
            if NRbyWL(BestR{i}(j))~=0
                if NW.VLinks(NRbyWL(BestR{i}(j)),1)==BestR{i}(j)
                        BestR{i}=[BestR{i} NW.VLinks(NRbyWL(BestR{i}
                    (j)),2)];
                elseif NW.VLinks(NRbyWL(BestR{i}(j)),2)==BestR{i}(j)
                        BestR{i}=[BestR{i} NW.VLinks(NRbyWL(BestR{i}
                    (j)),1)];
                end
            elseif NRbyWL(BestR{i}(j))==0
                PA=BestR{i}(j);
                disp(strcat(num2str(PA),' is a isolated point!'));
                break
            end
        end
        PL1{i}=BestR{i};
end

Result.WNR=WNR;
Result.NRbyWL=NRbyWL;
Result.PL1=PL1;
```

# 第五章 景区客流应急调控与决策支持研究

在解析景区客流安全管理理论之后，景区游客高峰时段的客流安全管理与调控研究的重点，是分析当景区非常规突发事件发生时，如何对具体的事件情景进行有针对性的调控决策研究。随后，我们结合景区游客高峰时段的实际情况，构建基于多Agent和元胞自动机混合模型的仿真系统。该仿真系统能够针对具体的突发事件情景，模拟客流快速、安全地从事故点疏散至避难场所的整个过程，为建设“情景—应对”模式下的客流应急调控预案做好了技术准备。综上所述，现在我们已经可以对某个具体的非常规突发事件情景进行模拟仿真，得到该情景对应的调控决策。

对于景区的非常规突发事件情景，管理者可以通过景区客流应急疏散仿真系统来模拟客流疏散的过程，并演练和选择不同的调控方案。由于非常规突发事件破坏性巨大且不可预知，调控决策方案的时效性也非常关键。所以，根据服务决策、适度超前的原则①，只有对景区内不同事故点和及其可能的情景做好精细化、系统化的应对决策，管理者才能够根据非常规突发事件的现场情景，甄选相近的应对方案，通过适当调整，快速做出应急响应和科学决策。对于如何形成系统化的景区客流应急调控决策，还需要进行深入研究。

本章将重点研究景区客流应急调控的决策支持系统。首先，概述了决策

① 范维澄，闪淳昌等．公共安全与应急管理［M］．北京：科学出版社，2017.

支持和决策支持系统的相关内容；接着，面向特定的景区非常规突发事件情景，建设基于仿真的客流调控决策支持系统；随后，根据决策目标，提出建设精细化、系统化景区客流应急调控决策库的方法；最后，以颐和园为例，通过研究“玉澜堂”在特定火灾情景下的客流调控决策过程，进而实现颐和园景区游客高峰时段的客流应急调控系统化的决策支持。

# 第一节　决策支持概述

## 一、决策支持的内涵及类型

在管理活动中，决策是在一定环境下，为实现某一确定的目标，从多种可供选择的方案中选取一个方案去实施的活动。美国学者 Keen 和 Morton 认为，决策支持是指通过计算机技术来协助管理者实现对非结构化任务的决策，进而改进决策的效能①。实践过程中，非结构化任务总是探索转化为结构化的问题来解决。

决策支持的发展是由经验决策向科学决策不断进化的。经验决策是指完全用人的知识和经验来开展决策支持；而在科学决策的初期，人们是利用数学、模型、知识等决策资源来开展决策支持；目前的科学决策发展阶段是先利用决策资源来建立决策问题的方案，并从问题的方案级别上来辅助决策支持②，这个过程突出了计算机技术在决策支持中发挥的效果。

常见的决策支持类型如表 5.1 所示。

**表 5.1　常见的决策支持类型**

| 决策支持类型 | 基本描述 |
|---|---|
| 数据的决策支持 | 主要以结果数据作为决策的依据。这些结果数据可能是通过模型计算后产生的，也可能通过不同途径采集分析得到的，经常以图表或曲线来直观展示数据的含义。以数据为基础的决策系统是最基本的决策支持形式，也是支持模型库、方法库等系统的基础 |

① 郭立夫，郭文强，李北伟．决策理论与方法［M］．北京：高等教育出版社，2015.

② 伍建民．决策理论和方法在科技创新中的应用［J］．科学决策，2015（10）：7–16.

续表

| 决策支持类型 | 基本描述 |
| --- | --- |
| 模型的决策支持 | 主要是利用物理模型、数学模型和结构模型等来揭示实际问题本质的特征和量的规律，将非结构化的问题简化为结构性问题，进而提供决策支持。模型驱动的决策支持中模型库的构建是最复杂和最难实现的部分 |
| 知识的决策支持 | 主要把知识推理运用于解决决策问题，实现对决策支持的作用。专家系统就是对专家知识的推理，帮助决策者进行方案评判和选择，甚至实现智能决策支持 |
| 方案的决策支持 | 主要对于大型的复杂问题，决策过程中通过分析问题的本质特征，对不同模型、数据和知识进行有机组合，生成该问题的决策方案或发现现有方案的不足并进行快速完善，以实现辅助决策。决策支持系统就是常见的用于解决复杂决策问题的计算机应用系统① |
| 模型与知识结合的决策支持 | 主要是发挥模型和知识各自的优势，进行辅助决策支持。模型是定量的方式，知识是定性的方式，两者结合实现定性与定量相互补充的综合决策支持，以提高辅助决策的效果 |
| 仿真的决策支持 | 主要通过计算机仿真技术来模拟现实系统及其问题的本质过程，以提供决策信息和决策工具，实现辅助决策支持 |

## 二、决策支持系统

决策支持系统（Decision Support System，DSS）是在决策支持的不断发展过程中形成的。“决策支持系统”一词由美国学者 Morton 教授在 20 世纪 70 年代首次提出，他认为决策支持系统是基于计算机技术的支持系统，把个人的智能资源和计算机的能力结合在一起以改善决策的质量，用以帮助管理决策者处理半结构化问题。经过多年的发展，决策支持系统成为建立在管理学、运筹学、控制论和行为科学等多学科基础上，使用计算机和信息等技术，通过对决策问题和信息的抽象，构建决策模型，辅助决策者解决非结构化问题的人机交互系统②。在诸多要素中，三个基本的要素是决策信息、决策模型和决策者。

决策支持系统根据决策问题的不同需求，结合不同的功能子系统，形成了多种框架结构。其中比较有影响的框架结构有二库框架结构、“问题处理”

① 解晓燕，阎林霞．决策支持理论与我国油田企业决策支持研究［J］．资源与产业，2011（04）：81-87.

② 郭立夫，郭文强，李北伟．决策理论与方法［M］．北京：高等教育出版社，2015.

框架结构和多库框架结构等多种类型。

Sprague 在 1980 年提出了二库框架结构的 DSS 系统，其框架结构如图 5.1 所示。它包含人机界面子系统、数据库子系统和模型库子系统等部分，其中人机界面子系统负责决策者与 DSS 的功能模块进行交互。二库框架结构比较简单，没有独立的知识库。它明确了 DSS 的组成，也反映了 DSS 的关键技术，就是决策者通过人机界面子系统，灵活地调用数据和模型两个子系统的功能集成，以满足决策者解决不同问题的需要。

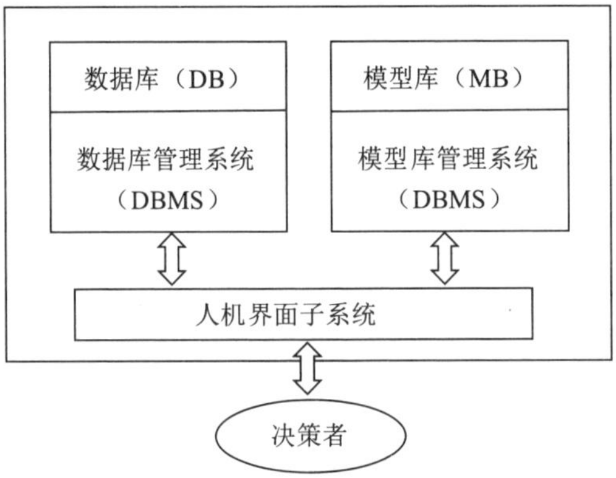


**图 5.1　DSS 的二库框架结构**

Bonczek 等学者在 1981 年提出了“问题处理”框架结构。它包含语言子系统、知识子系统和问题处理子系统。语言子系统是决策者和 DSS 系统沟通的桥梁；知识子系统是有关问题领域的知识主题，如数据、模型、规则等；问题处理子系统是语言和知识子系统的中间处理器。经过学者们的不断改进，其框架结构如图 5.2 所示。“问题处理”框架结构是基于知识的结构，问题的解决依靠大量知识的存取、处理和应用，所以，人工智能技术能够得到充分的发挥，它扩大了决策支持系统对非结构化问题的解决能力。

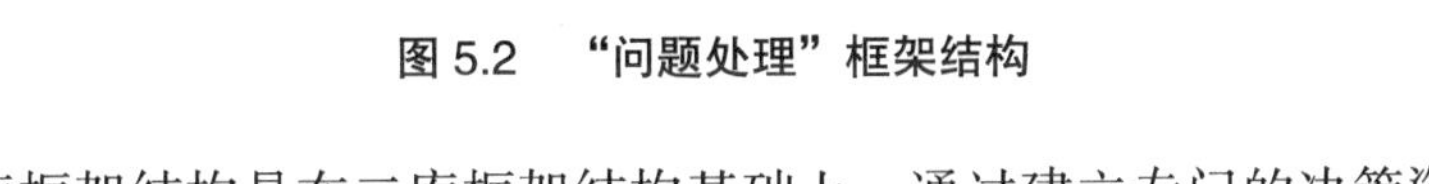


**图 5.2　“问题处理”框架结构**

多库框架结构是在二库框架结构基础上，通过建立专门的决策资源库而形成的多库框架结构。这样，我们在二库框架结构基础上，添加方法库，就能形成三库框架结构；在三库框架结构上，增加知识库，就形成四库框架结构，也称为智能化决策支持系统（IDSS），如图 5.3 所示；还有增加“思想库”等决策资源，形成了不同功能和应用场景的多库框架结构。

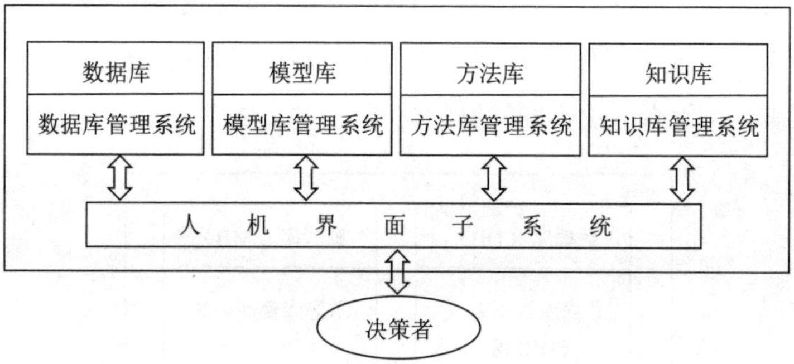


**图 5.3 DSS 的四库框架结构**

决策支持系统的三、四库等多库框架结构综合了二库框架结构和“问题处理”框架结构的优点，使其具有解决问题的灵活性，同时具有人工智能技术支撑来解决问题的能力，所以其发展应用的前景非常广阔。

## 第二节 景区应急管理客流调控与决策支持研究

### 一、基于仿真的客流调控决策支持系统

#### （一）景区客流调控仿真及其功能描述

对于景区内前兆缺失而且破坏性巨大的非常规突发事件，游客的人身安全面临巨大威胁。景区客流调控仿真是针对景区应急管理阶段，为保障游客的人身安全而进行的客流疏散过程演化。游客如何在景区现有的路网基础上，从事故点安全、快速地疏散至避难场所是景区客流调控仿真研究的主要目标。

为了开展景区客流调控仿真，前面深入分析了景区及其应急管理系统。景区可以视为一个由核心吸引物、景区设施、旅游者和景区管理者四个要素组成的功能系统。其中与客流调控最为相关的是游客的行为与分布、客流的

规律和管理者的调控措施；而景区的路网信息和景区的信息服务设施作为调控的基础条件存在。除此之外，不同景区会有其我们认为“必定会发生”的“离散随机小概率”突发事件；不同景区也会有其不同的景区应急管理系统和管理预案。这是开展客流调控仿真的工作基础，可以根据研究问题进行特征要素的描述和抽取。

对于景区客流调控的仿真研究，需要重点关注数据采集、模型和仿真系统构建、仿真实验和分析等几个关键环节。数据采集是开展仿真工作的基础性工作，主要包括景区客流数据、景区路网数据和非常规突发事件情景数据等；建立模型是开展系统仿真的前提，我们构建适用于景区客流仿真的元胞自动机和多 Agent 系统混合模型，改进获取多目标最优疏散路径的涟漪扩散算法。在此基础上，形成了景区应急管理客流调控仿真的系统框架。

该仿真系统实现了事件情景与调控措施约束下的客流疏散过程演化，可以模拟景区在固定情景下某事故点的不同游客，沿系统规划的最优疏散路径到达避难场所的过程。根据现实调控的需要进行反复实验和演练，我们就可以找到不同调控效果的调控措施。

**（二）景区客流调控决策支持系统的设计目标**

景区客流调控决策支持系统是通过现代信息技术，建立的一个景区面向非常规突发事件，指导客流安全疏散的应急决策响应系统。其设计目标是在景区非常规突发事件情景下，决策支持系统能为决策者提供决策依据，帮助决策者快速、科学地制定出客流调控应对预案，从而保障游客的生命安全或使其财产损失减到最小。具体功能如下：

（1）非常规突发事件发生前，决策支持系统中应具有景区可能会发生灾难情景的具体描述，景区路网的拓扑结构信息和游客多维度的基础数据。可以通过景区客流应急疏散仿真系统，对不同事故点的灾难情景进行客流调控仿真实验，并生成和指定情景匹配的客流调控决策预案，做好事故预防工作。

（2）非常规突发事件发生时，决策支持系统可以通过景区信息服务设施获取事故的情景，管理者根据事故的类型及相关特征参数，在客流调控决策系统中甄选出对应可行的调控决策方案，通过景区应急指挥系统做出科学、规范化的应急响应。

（3）非常规突发事件发生后，根据对该事件情景与客流调控效果的评价，完善相应的客流应急调控方案，作为决策资源存储在决策支持系统中。

**（三）基于仿真的客流调控决策支持系统**

根据决策问题和决策支持系统的设计目标，我们构建了基于仿真的客流调控决策支持系统。其功能框架如图 5.4 所示。该系统框架主要是通过计算机仿真技术，来模拟客观景区系统中客流调控问题的本质过程，以提供决策信息和决策工具，实现景区面向非常规突发事件时客流应急调控的辅助决策支持。

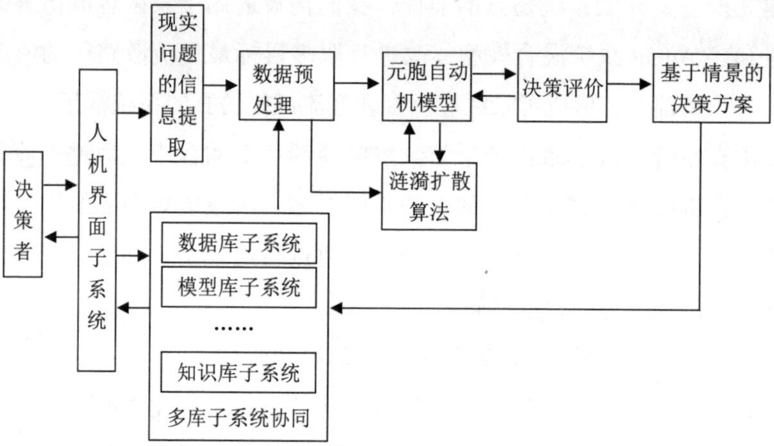


**图 5.4　基于仿真的景区客流调控决策支持系统框架**

基于仿真的景区客流调控决策支持系统是由决策者、人机界面子系统、现实问题的定义与表达模块、数据预处理模块、多库子系统协同模块（包含数据库子系统、模型库子系统、知识库子系统、图形库子系统等子系统）、系统建模与仿真模块、决策支持模块等组成，经过有机集成后形成的综合决策支持系统。

决策者多是指景区管理者，当然也可能是由景区所在地政府、专家组、应急联动部门组成的多主体决策者。他们通过一定的组织形式和决策流程确定现场决策方案，并组织实施。

现实问题的定义与表达模块主要是通过对研究问题的描述和分析，抽取能反映景区系统且在客流调控仿真中用到的重要特征，如反映游客行为特征和分布特征、景区的路网拓扑结构、景区的突发事件情景描述等。该模块结合模型库、数据库或知识库等子系统，能得到仿真系统所需的游客分布数据、行为数据、景区路网数据、不同事故动态模型产生的情景数据等，这些数据经过预处理，作为景区客流调控系统的数据基础。

基于多库子系统协同的决策支持系统，数据库子系统是描写景区特征的数字化表示，并通过积累不断更新，为模型库和知识库子系统提供分析决策的素材；模型库子系统是决策支持系统的重要组成部分，通过不同模型可以处理结构化、半结构化和非结构化的问题，如动态事故模型，可以模拟事故的发展并对相关情景进行特征解释和描述；知识库子系统类似专家系统，会根据不同的知识信息，判断景区发生的突发事件性质，并辅助决策者选择系统中存在的决策方案。

在上述基础之上，系统就开始基于仿真的客流调控决策支持过程。将动态灾情数据、景区路网数据和游客行为数据直接输入元胞自动机模型中；将游客分布数据输入到涟漪扩散算法模型中，并将元胞自动机模型、动态灾害情景和客流控制措施等作为约束条件关联到涟漪扩散算法模块。涟漪扩散算法将计算出给定动态灾害情景下，每个游客到达避难场所的最佳疏散路径。基于这样的最优疏散路径，元胞自动机模型将开始模拟客流的疏散过程。

景区的管理实践中或仿真实验演练之后，对该情景下的客流应急调控决策进行评价，管理者可能会增加其他的客流调控措施，以便更好地帮助客流安全疏散。这时，我们要向元胞自动机模型提出这些客流控制措施，涟漪扩散算法会重新计算游客的最佳疏散路径，元胞自动机将重新进行客流模拟。最终得到事故点在该突发事件情景下，客流基于这些调控措施的最优疏散方案。多主体决策者确认后，将“情景—应对”的决策方案作为特定情景的客流应急调控预案内容，存储在决策支持系统的资源库中。

在服务决策、适度超前的原则指导下，不断重复上述调控仿真与决策过程，直至完成景区内可能的多个事故点，多种非常规突发事件情景下的客流调控方案，以一定的形式存储并作为景区系统化的客流调控决策支持。

## 二、景区“情景—应对”模式下客流应急调控与决策

在景区游客高峰时段的应急管理实践中，应急管理预案编制是景区应急管理的重点工作，而客流应急调控决策则是应急管理预案的难点。这其中，除了缺少以多学科交叉为基础的科学方法之外，还有诸多关键环节需要突破或重点研究。

### （一）“情景—应对”中的情景构建

美国“9·11 事件”以后，西方国家首先认识到了应急准备的重要性，美国组织实施了“国家应急规划情景”重大研究计划。我国在“非典”疫情和“5·12 汶川特大地震”等重大事件推动下，2009 年也启动了“非常规突发事件应急管理研究”重大研究计划。目前，国内外均在情景构建方面取得了令人瞩目的研究成果。

非常规突发事件发生前兆不充分且发生概率极小，其对应的应急准备工作非常困难。情景构建是预先设定一个目标，通过构建一个个“假设肯定发生的事件”情景，来引导应急准备工作的开展。这对于应急管理实践中的应急预案编制和演练有着重要的支撑作用。

非常规突发事件的情景构建实质上是危害识别和风险分析的过程①。每个突发事件都会有不同的属性，表现出不同的形式，但其发生、发展、演化和结束的一般动力学行为却多表现出相似的规律，且基本都源于自然灾害、事故灾难和社会安全事件三个方面②。因此，非常规突发事件的情景不是单指一个具体事件，而是无数同类突发事件和预期风险的集合，每类情景都有广泛的代表性和前瞻性。

情景不是去预测突发事件将要发生的时间、地点和具体什么事件，而是在情景引导下来完成“情景—任务—能力”相关的一系列应急准备。情景主要关注不是涌现的真实情况，而是基于普遍规律和特定要素对情景的系统描述。所以，我们可以从情景概要、应对任务和事件后果三个维度对景进行具体描述和刻画，如图 5.5 所示。其中应对任务是突发事件情景的核心内容。

① 张辉，刘奕，刘艺.突发事件应急决策支持的理论与方法［M］.北京：科学出版社，2017.

② 范维澄，闪淳昌等.公共安全与应急管理［M］.北京：科学出版社，2017.

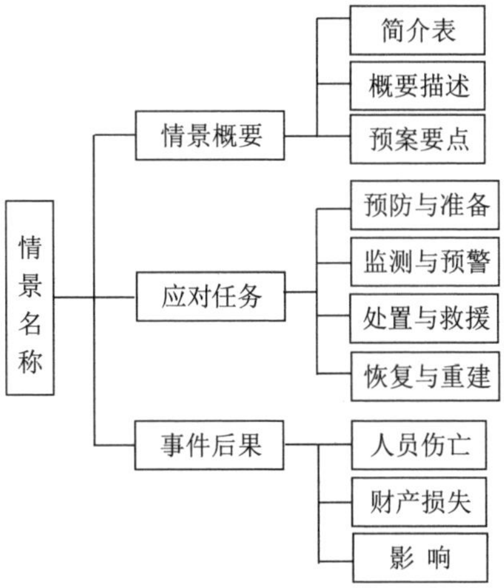


**图 5.5 情景原型结构与内容简图**

## （二）景区“情景—应对”模式下的客流调控方案库

为了统筹应对景区非常规突发事件突发而多变的情景，“情景—应对”模式下的管理者应该制定景区系统化、精细化的调控决策方案。简言之，就是管理者应有尽量全面的景区客流调控预案。当突发事件发生时，管理者可以对照事故点的具体事件情景，选择相近情景的客流调控决策方案，快速采取应对措施，为此，我们需要对景区的事故点和突发事件情景做进一步讨论。

景区的事故点是指景区内非常规突发事件可能发生的具体位置。不同的景区可能发生的非常规突发事件不尽相同，并且发生事件的频率和种类会有所区别。事故点附近区域往往受到突发事件的影响最大，客流应急调控策略都要以客流快速、安全地远离事故点，移动到安全区域或者附近的避难场所为目的。景区内可能发生突发事件的事故点要有固定名称和编号，以便对其进行情景设定、信息保存、修改和查询；同理，也要标出其周边的应急疏散避难场所。在景区的工作实践中，最易发生突发事件的事故点信息，景区管理者应该总结和记载，如景区内热门景点或热门景点之间的关键通道等。

对于非常规突发事件的情景，除了具体描述之外，我们还需要分级和分类，以便对景区内的不同风险进行区别对待，以及实施相应的管理措施。根据《旅游突发公共事件应急预案》中景区事故分级方法，我们可以建立一个表述景区突发事件情景的分级分类矩阵[①]。如表 5.2 所示。景区突发事件情景的分级分类矩阵是情景的另外一种描述，与图 5.5 相比，它内容更为简洁，主要包含的是不同等级突发事件下的情景概要，用于景区情景整体情况的查询和特征表述。

**表 5.2　景区突发事件情景的分级分类矩阵**

| 名称<br>性质 | 火灾 | 其他突发事件 | 泥石流 |
|---|---|---|---|
| Ⅰ级重大事故 | 情景概要 | 情景概要 | 情景概要 |
| Ⅱ级较大事故 | 情景概要 | 情景概要 | 情景概要 |
| Ⅲ级一般事故 | 情景概要 | 情景概要 | 情景概要 |

基于上述分析，为了描述景区系统化的调控预案，我们提出构建一个由景区事故点、非常规突发事件情景和调控方案组成的三维矩阵——“点—阵”式方案库。其概念模型如表 5.3 所示。对于不同景区而言，“点—阵”式方案库的内容是完全个性化的。“点”是景区的事故点；“阵”是表示不同分级分类的情景矩阵；两者的交叉点是对应的“值”，也就是在该事故点，发生不同级别、不同类别非常规突发事件情景下的客流调控方案。例如，方案 F202，是在景区的事故点 2，发生二级火灾这样的非常规突发事件对应的客流应急调控方案。这里的事故点 2 是景区具体的地点；景区对事故点二级火灾这样的非常规突发事件也有具体的描述。

**表 5.3　“点—阵”式方案库的概念模型**

| 情景<br>事故点 | 火灾 | | | 其他突发事件 | 泥石流 | | |
|---|---|---|---|---|---|---|---|
| | Ⅰ级 | Ⅱ级 | Ⅲ级 | …… | Ⅰ级 | Ⅱ级 | Ⅲ级 |
| 事故点 1 | 方案<br>F101 | 方案<br>F102 | 方案<br>F103 | …… | 方案<br>M101 | 方案<br>M102 | 方案<br>M103 |
| 事故点 2 | 方案<br>F201 | 方案<br>F202 | 方案<br>F203 | …… | 方案<br>M201 | 方案<br>M202 | 方案<br>M203 |
| …… | …… | | | …… | …… | | |
| 事故点 N | 方案<br>F1N01 | 方案<br>FN02 | 方案<br>FN03 | …… | 方案<br>MN01 | 方案<br>MN02 | 方案<br>MN03 |

① 张辉，刘奕，刘艺 . 突发事件应急决策支持的理论与方法［M］. 北京：科学出版社，2017.

这样，我们可以基于仿真的客流调控决策支持系统，较好地获得景区内某个事故点，特定非常规突发事件情景下的客流调控方案。在服务决策、适度超前的原则指导下，通过在应急准备阶段的反复实验，我们可以得到表5.3所示的“情景—应对”模式下景区的精细化、系统化客流调控方案库。

## 三、景区客流应急调控决策的应用

### （一）景区系统化的客流应急调控决策

当景区内游客达到景区最大承载量的80%，景区启动相应的应急措施，景区进入应急管理阶段，也是景区游客的高峰时段。此时，景区或者景区内热门景点相对拥挤，景区管理者要根据客流数据和预警级别，实施相应的限流和分流等调控措施（见表3.7）。这是景区管理者通过大量的工作实践总结的经验决策，为“预测—应对”应急管理模式下的客流调控提供了应对方案，在目前景区管理中一直发挥着重要的作用。

面对景区的非常规突发事件，由于对其缺乏科学的认识和研究，景区管理者总是会显得慌乱或者束手无策，进而给景区或游客造成较大的损失和影响。基于多学科交叉的理论知识，我们构建了景区客流应急疏散仿真系统，获得了特定非常规突发事件情景下的客流调控方案；通过基于仿真的客流调控决策支持系统，景区能够形成“情景—应对”模式下客流调控的“点—阵”式方案库，这将成为景区“预测—应对”模式应急管理的有益补充。

根据上述分析，我们能够得出景区系统化的客流应急调控决策。见表5.4。景区游客高峰时段的客流应急调控是“预测—应对”和“情景—应对”模式高度融合的综合决策过程。虽然两者的界限并非严格清晰，但景区可根据工作实际，进行情景构建，建设景区系统化的客流应急调控决策。

**表5.4　景区应急管理客流调控决策**

| 管理场景 | 应急管理模式 | 调控决策 | 决策方法 |
|---|---|---|---|
| 突发事件 | “预测—应对” | 限流、分流等方案 | 经验决策为主 |
| 非常规突发事件 | “情景—应对” | “点—阵”式方案库 | 科学决策为主 |

### （二）景区客流应急调控决策的应用

在应急管理过程中，景区基本构建了包括预防与准备、监测与预警、处置与救援、恢复与重建等内容的“全方位”应急管理体系框架；建立了包括多模态数据中心、各种智能设备、不同功能应用系统组成的“立体化”应急管理信息化平台；可以开展基于“预测—应对”和“情景—应对”的“高融合”应急管理实践模式，初步实现景区全方位、立体化、高融合的应急管理系统。其中，景区游客高峰时段的客流应急调控是应急管理系统核心功能的重要体现。如图 5.6 所示。

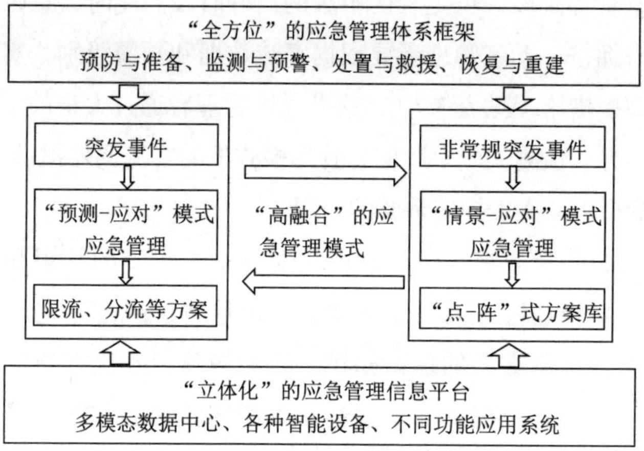


**图 5.6　景区客流应急调控决策的应用**

景区游客高峰时段的客流应急调控是管理者在应急管理过程中对客流实施的有序决策，是应急管理预案中的核心工作之一。管理者通过“立体化”的信息平台监测景区内风险，对于动态安全风险进行分析；当达到风险预警级别后，要进行安全风险预警的发布，同时启动应急管理。此时，景区会在“全方位”的应急管理体系内开展工作，面对突发事件，采取“预测—应对”模式管理，对客流实施限流和分流措施；面对非常规突发事件，采取“情景—应对”模式管理，通过将现场事件情景和“点—阵”式方案库中事故点、情景矩阵对比，实施对应的客流调控措施。系统化的客流调控决策，会增强管理者对突发事件管理的前瞻性，减少因事前慌乱导致的盲目操作，进而避免或减少突发事件给景区游客造成的损失和影响。

再次回顾第一章的两个问题。问题一，对于景区游客高峰时段的客流安全管理，其应急管理系统还有哪些方面需要进一步完善？目前景区游客高峰时段的客流安全管理，景区“全方位”应急管理体系框架、“立体化”的应急管理信息平台和“预测—应对”模式下分流、限流的调控措施已经在比较好地开展工作。而对景区客流安全有重大影响的非常规突发事件防范则关注不够，需要重点研究“情景—应对”模式下的客流应急调控决策，以完善景区游客高峰时段的应急管理。据此，景区的客流安全管理由全方位、立体化、“预测—应对”和“情景—应对”高融合的应急管理系统作为支撑。

针对问题二，面对非常规突发事件中的客流，景区如何建立有针对性、科学性、系统性的应急调控决策？面对非常规突发事件，景区要在“情景—应对”管理模式下展开客流调控，即在充分了解景区、突发事件及成因、游客行为、景区设施和应急管理等内容的基础上，通过建立模型与算法，运用管理科学、心理科学、信息科学等多学科交叉理论，研究特定突发事件情景下的应对措施；结合景区的实际资源，对特定情景下的应对措施反复实验和演练，最终形成多主体决策者认可、相对科学的客流调控预案；往复如此，完成以事故点、情景矩阵为基础的决策分析，形成景区“情景—应对”模式下“点—阵”式方案库。该方案库和“预测—应对”模式的限流分流调控措施一起，形成景区具有针对性、科学性和系统性的应急调控决策。

以上内容也回答了本书的科学问题，即面向游客高峰时段的客流安全，景区如何开展应急调控工作。

## 第三节　颐和园景区客流应急调控决策示例

### 一、颐和园景区概述

颐和园景区位于北京市海淀区，占地约 290 公顷，是我国著名的古代皇家园林，每天都吸引成千上万的游客到访。2007 年 5 月 8 日，颐和园被批准为首批国家 5A 级旅游景区。颐和园的主体部分由昆明湖和万寿山组成，昆明湖以杭州西湖为蓝本建造，万寿山周边的长廊、楼阁、庭院与山石也颇具特色，整体凸显皇家之风范，被誉为“皇家园林博物馆”。景区概貌如图 5.7 所示。

**图 5.7　颐和园景区概貌**

资料来源：颐和园官方网站

颐和园内部景点大致可划分为以仁寿殿为代表的政治活动区；以乐寿堂、玉澜堂、宜芸馆等庭院为代表的生活区；以万寿山和昆明湖等组成的风景游览区三个部分。另外还有苏州街、四大部洲、智慧海、佛香阁、宝云阁、排云殿、长廊、画中游、听鹂馆、谐趣园、大戏楼、东宫门、清晏舫、文昌院、文昌阁、铜牛、十七孔桥等著名景点。

景区的旺季为4月1日至10月31日，大门开放时间：6：00—19：00，园中园开放时间：8：30—17：00，静园时间为：20：00。

景区的淡季为11月1日至次年3月31日，大门开放时间：6：30—18：00，园中园开放时间：9：00—16：00，静园时间：19：00。

颐和园门票：30元/张（旺季），20元/张（淡季），有半价票；颐和园联票：60元/张（旺季），50元/张（淡季），有半价票。

园中园：德和园5元/张；颐和园博物馆20元/张；佛香阁10元/张；苏州街10元/张[①]。

景区的经典游览线路：北宫门—苏州街桥—中御路—宿云檐—石舫—长廊—排云门—乐寿堂—宜芸馆—玉澜堂—德和园—仁寿殿—东宫门。

颐和园景区承载量：核定开放时间内全园瞬时最大游客承载量为5万人，日接待最大游客承载量12万人[②]。

## 二、非常规突发事件情景构建

北京颐和园景区深受游客喜爱，旅游高峰时段经常人满为患，有时景区不得不启动限流和分流措施。例如，2018年10月3日，因当天下午入园人数已达到最大承载量，颐和园提前停止售票，禁止游客入园。[③]

2018年5月23日6时42分，海淀区颐和园万寿山附近起火。经过北京市消防指挥中心紧急救援，所幸无人员伤亡[④]。上述火灾如果发生在景区游客高峰时段，如2018年10月3日，后果将不堪设想。

由于我国优质旅游资源相对稀缺，在黄金周等小假期里，颐和园景区爆

---

① 颐和园官方网站［EB/OL］. http：//www.summerpalace-china.com/.

② 颐和园管理处 . 承载量通告［EB/OL］. http：//www.summerpalacc-china.com/dtxx/gydt / cd0c160dc6614cb_f918d9a68198c110e.htm.

③ 崔红 . 北京颐和园10月3日启动满员限流措施 系史上首次［EB/OL］. https：//www.thepaper.cn/news_D_etail_forward_2500331.

④ 北京青年报 . 颐和园瞰碧台火灾，无人员伤亡［EB/OL］. https：//baijiahao.baidu.com/s s?id=1601298872180725031&wfr=spider&for=pc.

满司空见惯，此时，如果叠加火灾等非常规突发事件，就会造成大量人员伤亡等严重后果。所以我们不得不针对这样“假设肯定发生”、小概率且破坏力极强的事件，构建一个个情景来研究其应对方案，进而引导景区应急管理工作的开展。

根据本书前面部分章节的研究，我们面对非常规突发事件，采用“情景—应对”应急管理模式。首先需要在“点—阵”式方案库的结果导引下，构建景区的情景分级分类矩阵，以便对景区所有可能发生的情景寻求其应对方案。

这里，我们对研究进行必要的简化处理，通过构建一个事故点的特定情景，以展示基于客流应急疏散仿真系统的客流调控决策研究过程。我们假设2018年10月3日14时，在经典旅游线路中的“玉澜堂”发生火灾，研究其客流该如何快速、安全地疏散。10月3日的颐和园史上首次由于达到最大承载量而采取停止售票限流，景点进入应急管理阶段，是景区的游客高峰时刻；景点“玉澜堂”又是多条经典旅游线路中的交叉点，客流密集，也容易出现次生突发事件，所以时间和地点都具有代表性。我们的实验目标是实现“玉澜堂”在给定火灾情景下的客流调控方案，首先构建景点事故情景的分级分类矩阵，如表5.5所示。具体情景的特征参数描述，我们在后面的数据准备过程中逐步展开，以便对景区系统有详细的了解。

**表5.5　颐和园景区突发事件情景的分级分类矩阵**

| 性质＼名称 | 火灾 |
|---|---|
| Ⅰ级<br>重大事故 | 略 |
| Ⅱ级<br>较大事故 | 略 |
| Ⅲ级<br>一般事故 | 疏散游客数量、路网结构及事故等 |

## 三、基础数据与模型

### （一）游客数据与模型

景区管理者在日常管理工作中应积极采集并积累景区的各类数据，特别是景区的客流数据，数据越丰富，对游客的画像才能越清晰。这些数据对于掌握游客在园的分布和行为规律，以至于在客流应急疏散仿真过程的参数设定都发挥着重要作用。

颐和园景区“立体化”的信息化平台中有多种软硬件系统可以获取游客数据，如景区入口闸机、景区传感设备、景区售票系统和客流预测系统等。在颐和园入口，入园传感设备可以统计和传输入园人数；摄像头可以传输景区内游客实时的视频图像[①]，还可以分析与统计图像中的游客性别、年龄等特征。

目前，通过数据来获取游客在景区内的时空行为规律还是困难的，主要是因为缺乏完整数据支撑或者数据保密的原因。已有的颐和园游客行为研究多是对调查问卷、日志调查、GPS 数据等少量样本的分析[②]，这些方法的采集效率、准确性和有效性都有待提高。

本书采用的数据是来源于数据公司，数据的时间跨度为 2018 年 10 月 1 日至 2019 年 11 月 11 日。该数据是基于移动智能设备的识别技术和地理位置分析算法，在终端用户授权情况下完成的个人数据采集。再与第三方数据的关联和分析，最终获得描述游客的特征数据。虽然最终数据仍然不是全样本、完全精确的数据，但通过与第三方数据之间的数据描述关系，进行补偿修正后，能够相对准确地估算出景区内的游客特征数据。

我们对颐和园景区游客的时空分布特征进行分析，时间分布特征如图 5.8、图 5.9、图 5.10 所示。

① 中国新闻网.颐和园监控启用全景鹰眼 实现全景监控和流量分析［EB/OL］. http：//k.sina.com.cn/article_ _1784473157_6a5ce64502000ett7.html.

② 黄潇婷，马修军.基于GPS数据的旅游者活动节奏研究［J］. 旅游学刊，2011，26（12）：26–29.

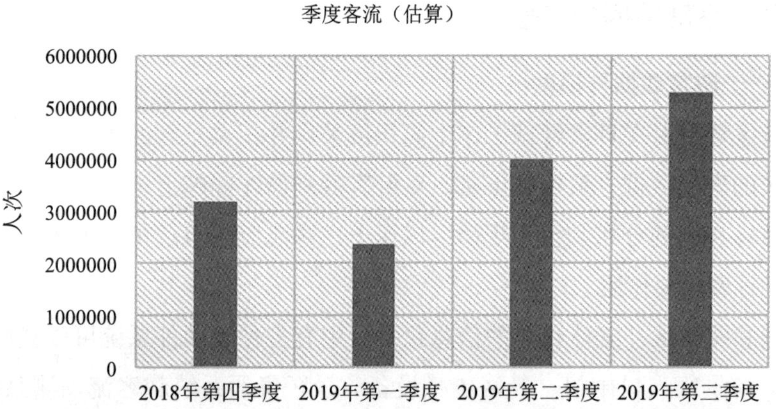


**图 5.8 颐和园季度客流量**

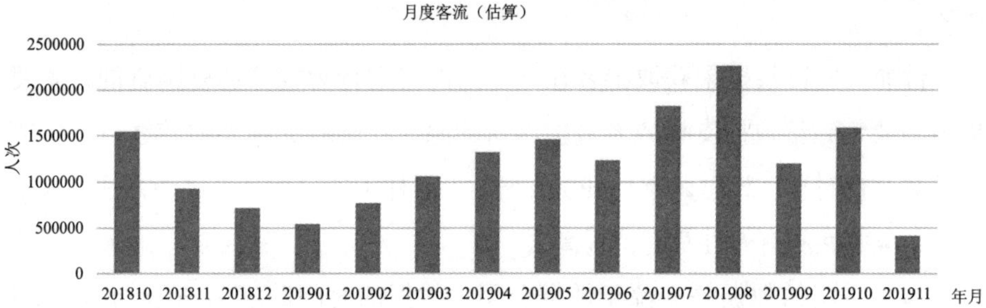


**图 5.9 颐和园月度客流量**

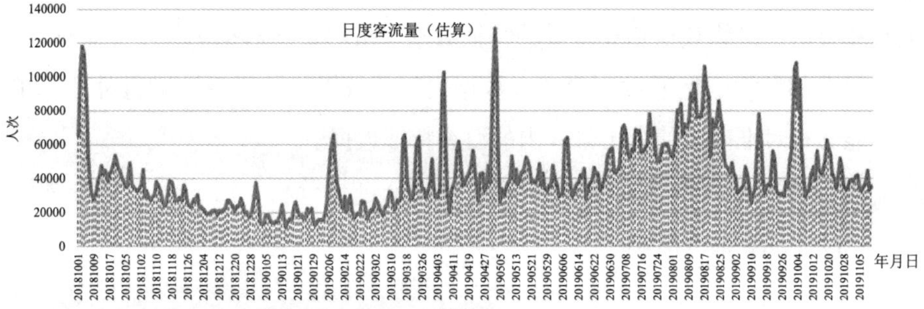


**图 5.10 颐和园日度客流量**

从季度客流分布看，景区的第二、第三季度是旅游旺季，其中第三季度游客最多。从月度客流分布看，景区的 7 月、8 月最多，这里有游客因气温高去景区避暑的原因，也有学生放暑假的因素；10 月由于“十一”国庆节小长假，游客数量排在第三位；4 月、5 月、6 月也因“清明节”“劳动节”“端午节”小假期且气候适宜，而有较多游客。从日度客流分布看，总体呈现多峰型特征。7 月、8 月和“清明节”的日客流量均处在较高数值上。而最为突出的是，“十一”国庆节、“五一”劳动节的日流量是两个峰值高点，其中 10 月 2 日、10 月 3 日、10 月 4 日和 5 月 2 日左右的日客流估值均接近景区的最大承载量。

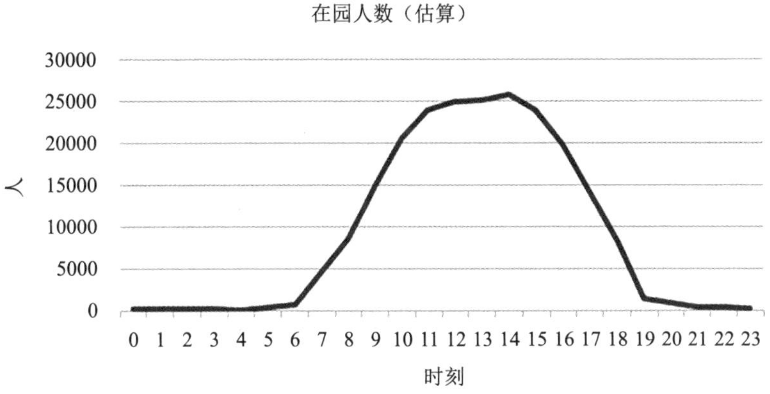


**图 5.11　颐和园整点在园人数**

对 2018 年 10 月 3 日的游客数据做进一步分析，如图 5.11、图 5.12、图 5.13 所示。图 5.11 表明，11 时至 16 时是颐和园景区在园游客较多的时间段；从图 5.12、图 5.13 不同时刻的游客热力分布图（根据第三方提供的游客分布数据制图）来看，11 时至 16 时之间的 14 时游客，明显比上午 10 时人更密集，我们选择 14 时的在园游客进行分析研究。

除了掌握景区游客在园的数量和时空分布以外，游客年龄因素是我们应该重点关注的游客行为影响因子。通过数据分析，从整体上看，当日游客年龄段主要分布在 16~60 岁之间，占比为 91% 左右，其他游客仅占比 9% 左右。对于具体的年龄段，16~45 岁年龄段的游客占比 82% 左右，而 60 岁以上的老年群体占比 2% 左右，这表明在国庆节假期中，中青年游客是颐和园景区游园的主力军，而老年人则很少去这种客流拥挤的热门景区，如图 5.14 所示。据此可以假设，颐和园景区内 2018 年 10 月 3 日的游客，其应急疏散的移动速度个体差异性很小。

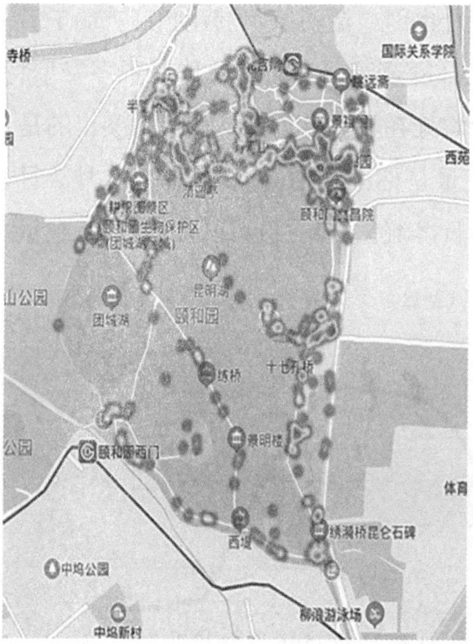


图 5.12　10 点时颐和园的游客热度

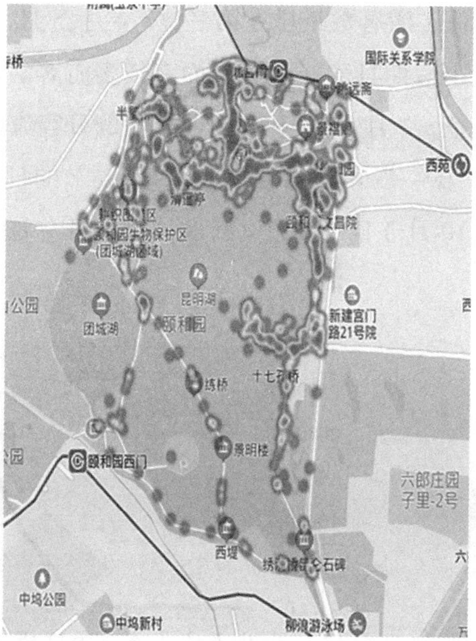


图 5.13　14 点时颐和园的游客热度

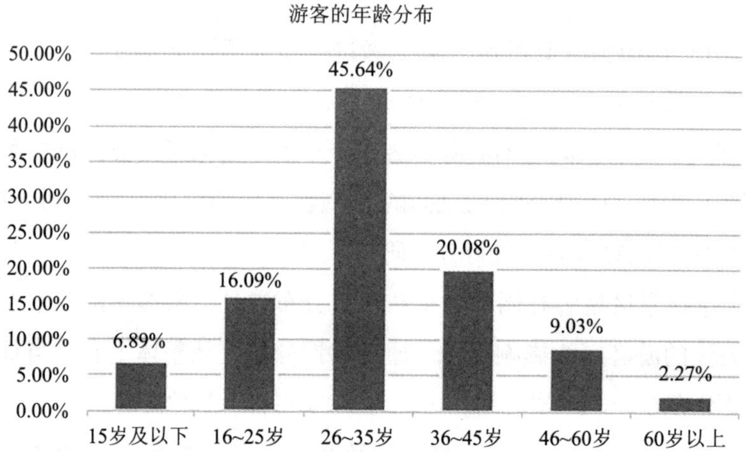


图 5.14　颐和园当日游客的年龄分布

我们来设定非常规突发事件事故点“玉澜堂”的客流分布数据及特征。我们提取热力图背后的游客数值，10 月 3 日 14 时，“玉澜堂”附近的客流为 610 人左右。由此，我们在本实验中事故点“玉澜堂”附近待疏散游客为 610 人。游客 Agent 特征表述中，除了当前位置以外，还要根据游客的不同年龄段，来设置不同的疏散速度。颐和园当日在园游客的年龄段分布显示，其疏散速度的个性化差异不突出，本实验简化地将疏散速度统一设置为 1.25 米 / 秒[①]，进而重点研究游客疏散和调控措施作用的仿真过程。

### （二）路网数据与模型

路网拓扑结构图是对景区现实系统的客观抽象，能真实反映景区路网内部的结构和关系，是游客疏散仿真的基础性数据。

我们通过百度地图 API 接口获取颐和园景区的路网拓扑结构，并在明显不直的路段拐点处和道路交叉链接处设置结点，结点之间表示路段链接。在认真核实结点的有效性和道路信息的真实性后，经过程序处理，我们得到颐和园景区的路网拓扑图，如图 5.15 所示。图中景区共设置了 832 个结点，935 条路段链接。

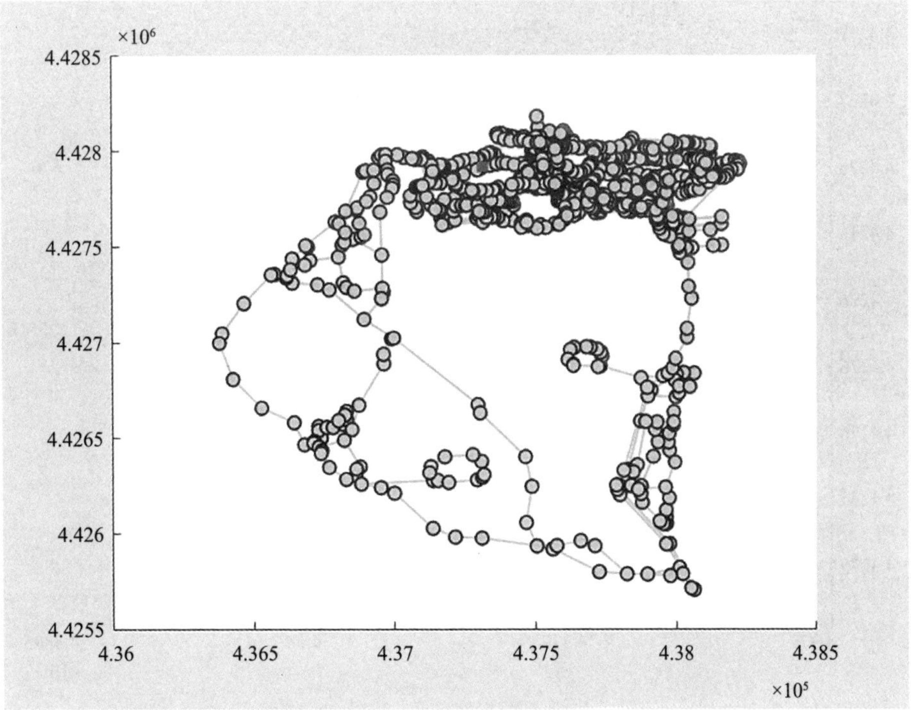


**图 5.15　颐和园路网拓扑图**

① 陈曦 . 人员疏散速度模型综述［J］. 安防科技，2010（03）：46-48.

通过景区现场实测等方式获取路段的宽度、坡度等信息，记录在路网拓扑结构的数据库中。由于景区不同位置路段有不同的宽度，我们将其划分为不同宽度、长度为 1 米的元胞，这些元胞的容量与实际路宽有密切关系。经过计算，园区路网共切割为 31509 个元胞。根据设定情景进行元胞 Agent 初始化，赋予其容量、拥堵状态和游客进出的规则。

有了基础路网之后，我们要依据一定的规则，如物理位置和功能区域等，对不同的路网结点进行编号，以方便描述结点位置以及客流在不同路段的疏散过程。

对事故点“玉澜堂”附近的道路网络进一步放大，可以看到其周边的路网结构，如图 5.16 所示。

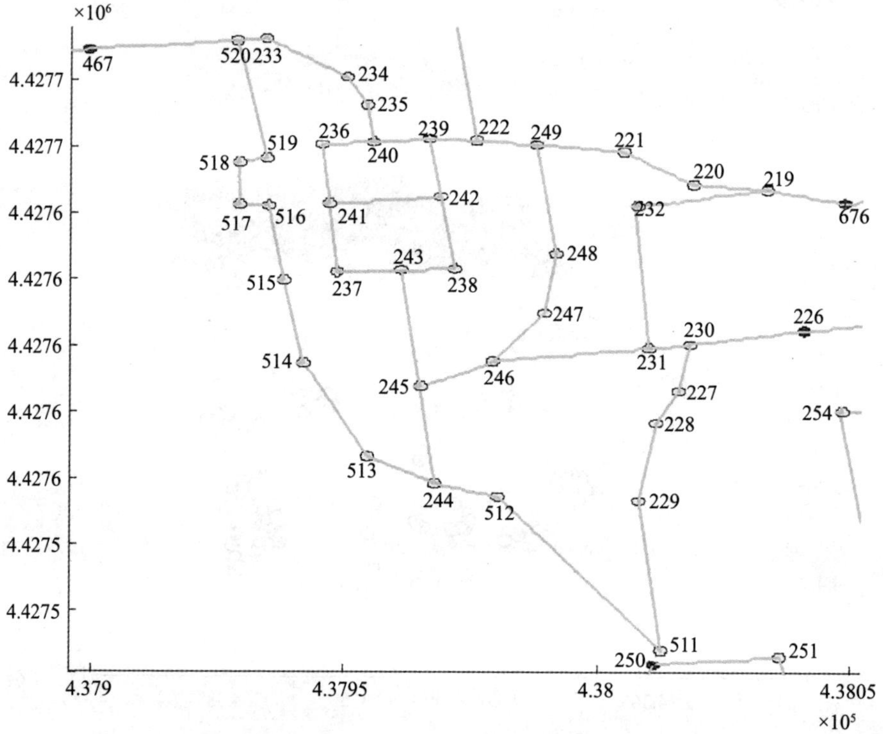


**图 5.16 “玉澜堂”附近路网结构图**

由此，我们来确定非常规突发事件事故点“玉澜堂”周边的路网数据及部分景点标注。客流应急调控研究的疏散起点是“玉澜堂”，客流随机分布在起点矩阵［243；237；236；240；239；242；238］的路段链接上。调控最终结果是将“玉澜堂”内部游客及周边路段游客全部疏散到目的地矩阵［226；676；467；250］的道路结点上。其中疏散目的地结点是本次实验的避难场所，“226”在“仁寿殿”东广场南侧，结点“676”在“仁寿殿”东广场北侧，结点“467”在景点“水木自清”的庭院，结点“250”在南侧广场的“文昌阁”附近。

### （三）其他数据

在情景构建中，我们需要设定不同的突发事故情景，这是相当复杂的过程。这里的火灾情景我们进行简化处理，火灾的发生与蔓延仅限在“玉澜堂”庭院内，匀速地向四周扩散，70 秒后，院内路网不可通行。

调控措施对于整个情景过程而言，可能是动态变化的；但对于单个游客来说，经常会贯穿其整个疏散的过程。我们要通过仿真游客的疏散过程来涌现客流整体的演化，所以，这里假定调控措施指令发布后，在游客疏散过程中保持不变。

以上两个主体 Agent 特性不明显，这里作为约束条件，输入到仿真模型中，不再对其模型进行单独定义。

## 四、景区客流应急疏散与调控仿真

### （一）客流调控仿真的流程

基于上述的基础数据和模型，我们采用图 4.10、图 5.4 作为系统框架进行景区游客高峰时段的客流应急调控研究。基于 Matlab 软件，对事故点“玉澜堂”发生火灾突发事件的情景进行客流疏散仿真。具体的仿真流程如图 5.17 所示。

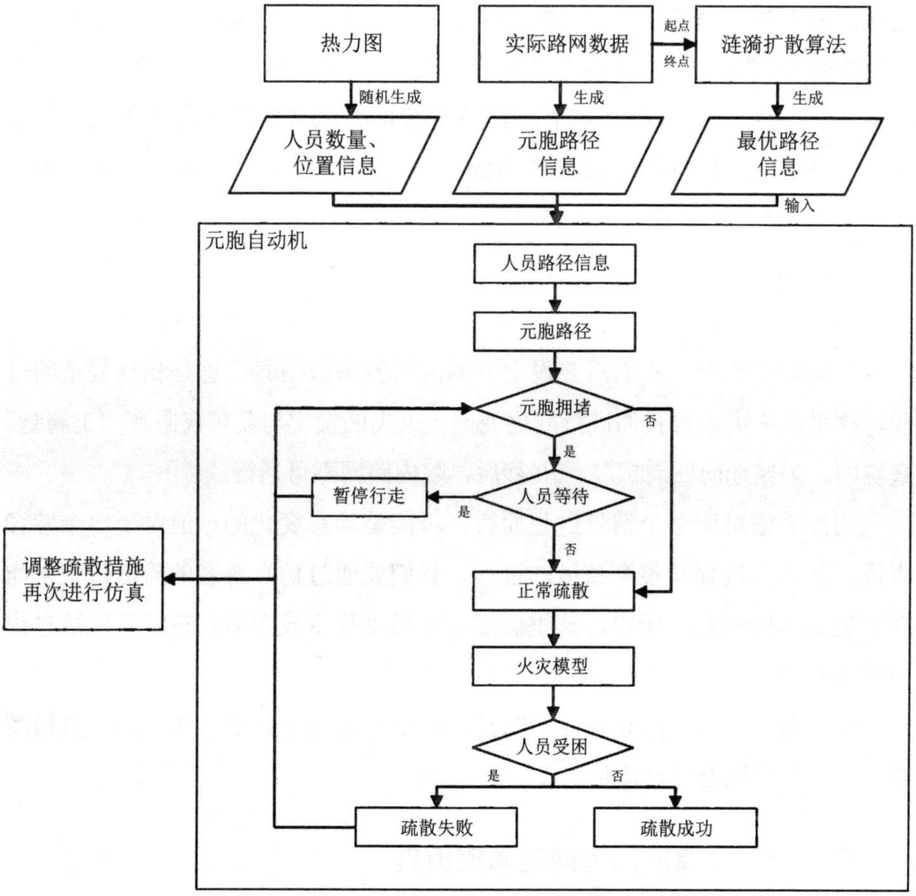


**图 5.17　火灾情景下客流疏散仿真流程图**

上述客流疏散仿真过程中，我们会重点关注疏散失败的情况。这时，我们会通过调整疏散措施进行再次仿真，尽量实现让游客全部安全疏散。当然，对于整体是成功的疏散过程，我们也可能会改善调控措施，让其疏散效果更好，以应对复杂的灾难情景。

**（二）客流应急疏散仿真系统的功能实现**

对上述基础数据初始化和客流疏散仿真过程，我们基于 Matlab 软件进行编程，实现其功能。

限于篇幅，这里不再展示仿真过程的程序代码，而对于其中重要的涟漪扩散算法，我们可以参阅第四章后案例资料中的内容。

（三）**实验结果分析**

该客流应急疏散仿真实验分为两个阶段。第一个阶段是事故点“玉澜堂”附近的610位游客，通过疏散而离开事故点的过程，这表示游客安全逃离灾情，从而避免了人员伤亡。第二个阶段是从事故点疏散的游客和周边路段的游客，一起疏散到避难场所目的地的过程，这是表示客流面临火灾事故，疏散过程有无发生踩踏等次生灾害。为描述整个过程，我们在事故点610位游客疏散过程中的路段上随机添加390名游客，仿真这1000位游客全部疏散到避难场所的过程。

仿真实验开始前，根据热力图中人员分布的状况，对于事故点“玉澜堂”附近的610名游客，计算机程序依据概率将游客随机分布在各个起点及周围的元胞上。根据每个人所处的不同位置，选择距离每个人较近的出口作为个体疏散的起点，涟漪扩散算法会依此给出游客疏散的最优路径。

当发生设定的火灾情景后，我们来分别进行图5.17所示的客流仿真，比较有无调控措施两种情况下的客流疏散情况。

1. 未加调控措施时，客流的疏散路径及效果

实验过程与结果如图5.18、图5.19、图5.20、图5.21所示。根据仿真实验结果，未加调控措施时，RSA规划的不同游客疏散最优路径有以下几条：

① 243–245–246–231–230–226（仁寿殿东南）

② 243–245–247–248–249–221–676（仁寿殿东北）

③ 241–236–240–236–234–233–467（水木自清）

④ 243–245–244–513–514–515–467（水木自清）

⑤ 243–245–244–512–511–250（文昌阁）

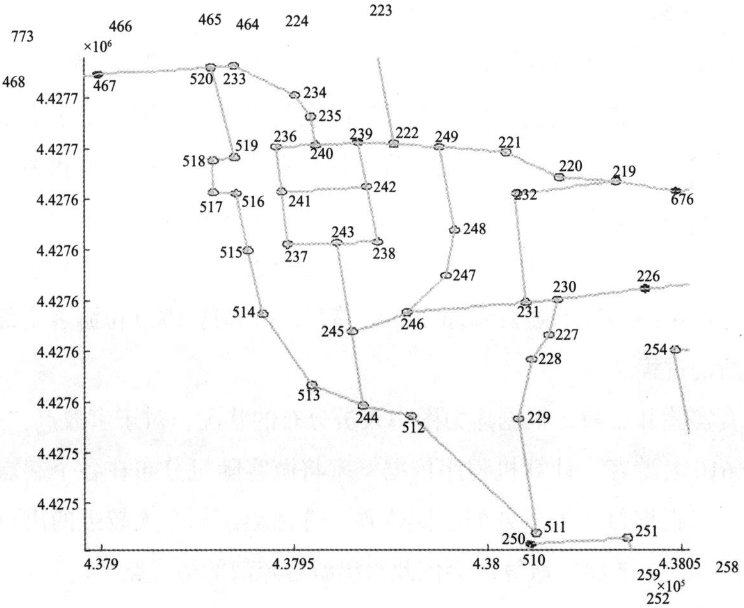


图 5.18　第 1 个步长时的客流情况

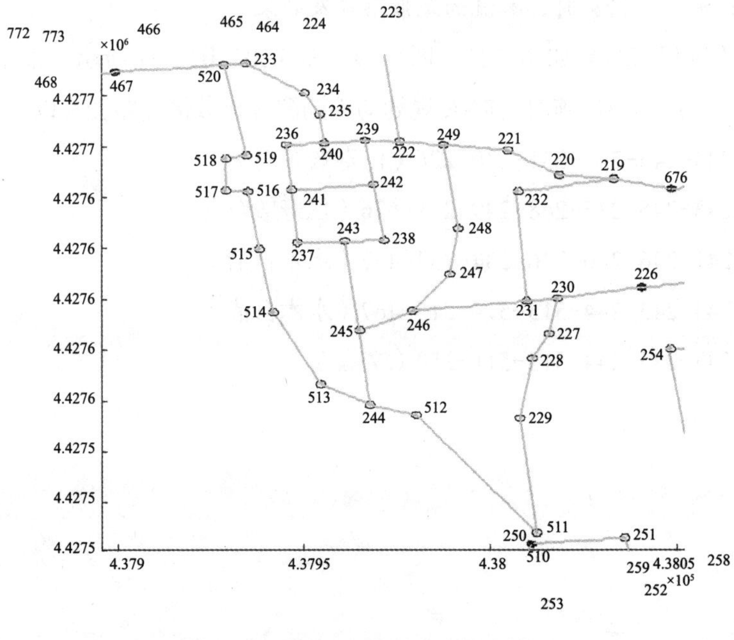


图 5.19　第 30 个步长时的客流情况

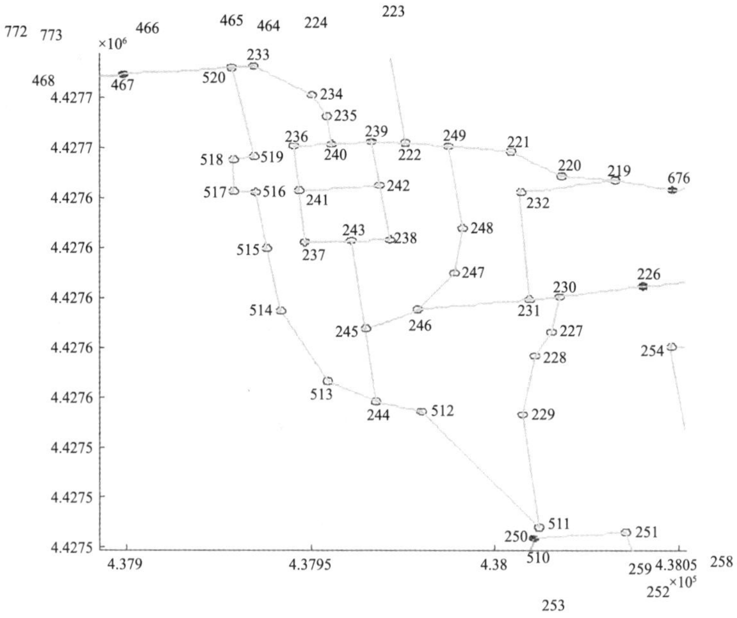


图 5.20　第 95 个步长时的客流情况

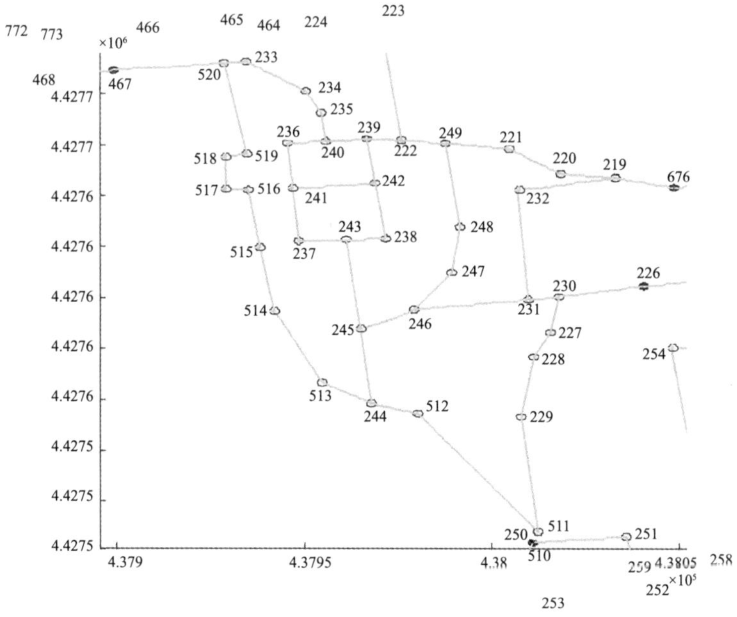


图 5.21　第 238 个步长时的客流情况

图 5.18 是第 1 个步长的客流分布情况，事故点客流比较拥挤；图 5.19 是

第 30 个步长的客流分布情况，各道路链路均有客流在疏散；图 5.20 是第 95 个步长的客流分布情况，游客基本完全离开事故点；图 5.21 是第 238 个步长的客流分布情况，客流全部到达疏散目的地。由于我们开始时设定客流疏散速度为 1.25 米 / 秒，所以游客离开事故点为 76 秒，疏散结束用时 189.6 秒。

2. 增加调控措施后，客流的疏散路径及效果

根据实际情况，我们尝试增加两个调控措施：第一，在“玉澜堂”前增加管理人员疏导，让小广场“512”成为安全疏散点；第二，将平时不对游客开放的轮椅通道打开，即“242-248-232-219-676”，供游客紧急疏散使用。如图 5.22 所示。此时，景区 832 个结点数不变，路段链接增加到 937 条，元胞的数量增加为 31617 个。

我们调用上次计算机程序依据概率将游客随机分布的状态，开始仿真实验开始。实验过程与结果如图 5.22、图 5.23、图 5.24、图 5.25 所示。此时 RSA 规划的不同游客疏散的最优路径有以下几条：

① 243-245-246-231-230-226（仁寿殿东南）

② 243-245-247-248-249-221-676（仁寿殿东北）

③ 241-236-240-236-234-233-467（水木自清）

④ 243-245-513-514-515-467（水木自清）

⑤ 243-245-512（文昌阁）

⑥ 242-248-232-219-676（仁寿殿东北）

相比增加调控措施前，游客疏散路径由 5 条增加到 6 条。其中第①、②和第③条路线是改变增加或后的疏散路径：第④条路线跳过了结点“244”；第⑤条路线大大缩短，直接到小广场；第⑥条线为新增的轮椅通道，对结点“242”的游客进行分流。

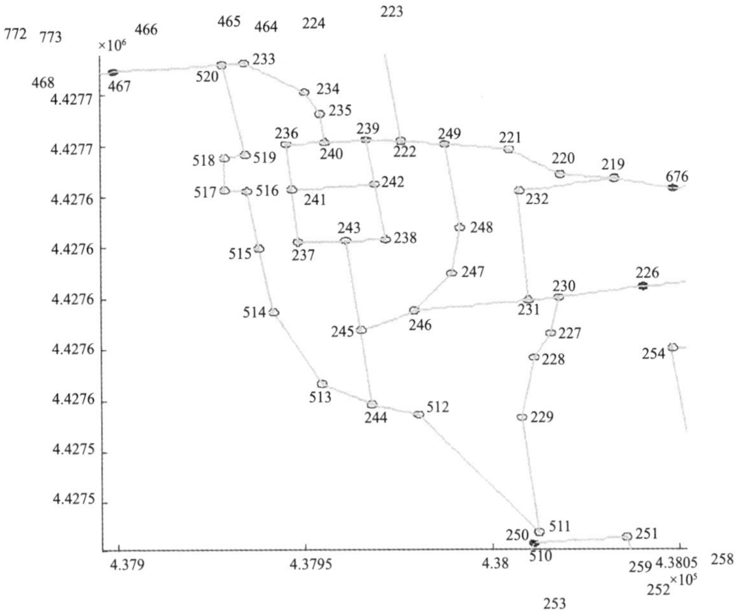


图 5.22 第 1 个步长时的客流情况

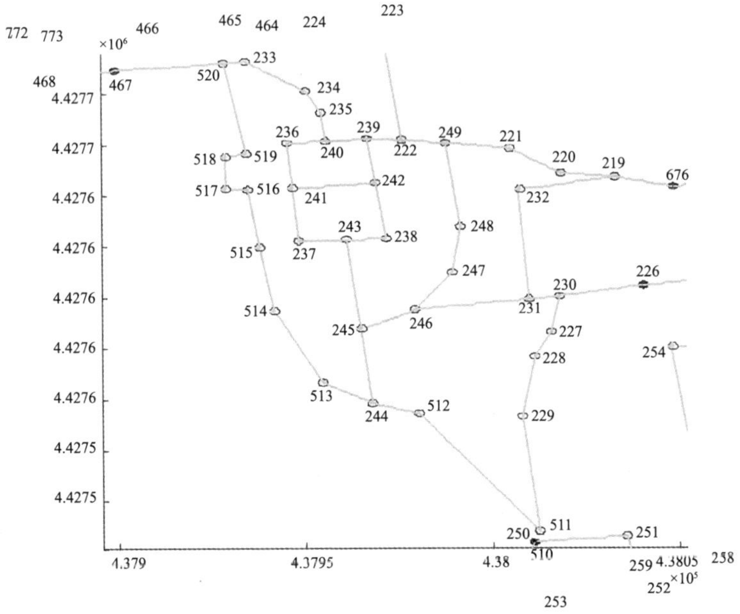


图 5.23 第 30 个步长时的客流情况

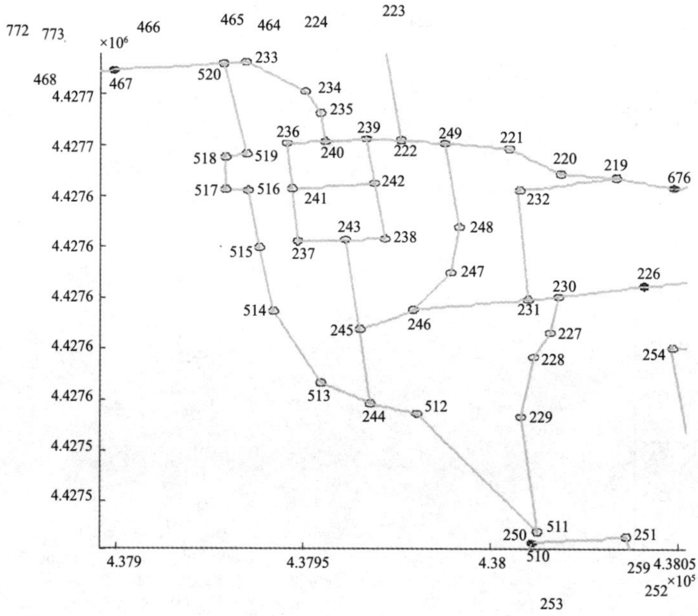


图 5.24　第 76 个步长时的客流情况

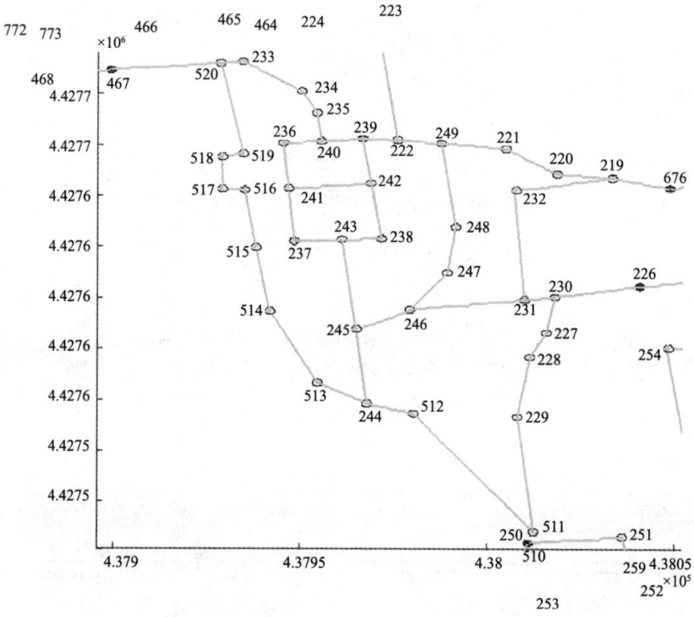


图 5.25　第 163 个步长时的客流情况

我们选取同样的观察点进行分析：图 5.22 是第 1 个步长的客流分布情况，

初始状态相同，事故点客流比较拥挤；图 5.23 是第 30 个步长的客流分布情况，各道路链路均有客流疏散；图 5.24 是第 76 个步长的客流分布情况，游客基本完全离开事故点；图 5.25 是第 163 个步长的客流分布情况，客流全部到达疏散目的地。通过计算，可以得到客流离开事故点为 60.8 秒，疏散结束用时 130.4 秒。

3. 实验结论

通过对比施加调控措施前后的两次客流疏散仿真实验结果，我们可以得出以下结论：

第一，增加调控措施后，客流的调控效果明显改善，疏散时间有显著缩短。调控前，客流 76 秒才能离开火灾事故点，按照假定的 70 秒内院内路网破坏，那么火灾事故下会有少量人员被困或伤亡；而施加调控措施后，客流疏散离开事故点的时间缩短至 60.8 秒，客流能顺利地离开事故点。客流远离事故点和疏散到目的地的时间分别缩短 15.2 秒和 59.2 秒，两个阶段的疏散效率分别提高了 20% 和 31% 左右，验证了调控措施的有效性。

第二，打开轮椅通道效果非常明显。对比图 5.19 和图 5.23 发现，较多游客选择从结点“242”通过轮椅通道离开事故点。所以，火灾突发事件发生时，事故点的管理人员要密切关注轮椅通道的开通，并在现场积极疏导。

第三，现场管理人员疏导非常关键。对比图 5.20 和图 5.24 发现，除了轮椅通道人流外，较多人流结点“245”得到分流，现场管理人员不断疏导和安抚发挥了很好的疏散效果。

通过上面的客流调控仿真实验，我们可以反复测试和演练火灾情景下不同的调控措施，以找到最有效的调控方案。因为对于景区游客高峰时段的突发火灾情景，短暂的几秒钟时间，就有可能使游客面临成功疏散或者受困两种完全不同的结局；同时，由于游客心态和行为在火灾面前都会发生复杂的变化，几秒钟足以对游客的个体行为和客流的整体表现产生巨大的影响。

## 五、景区客流应急调控与决策

我们将事故点“玉澜堂”发生特定火灾情景的客流调控优选方案，添加到颐和园景区的“点—阵”方案库中，如表 5.6 所示。

表 5.6　颐和园景区“点—阵”式方案库

| 情景<br>事故点 | 火灾 | | | 其他突发事件 | 山体滑坡 | | |
|---|---|---|---|---|---|---|---|
| | Ⅰ级 | Ⅱ级 | Ⅲ级 | ……. | Ⅰ级 | Ⅱ级 | Ⅲ级 |
| “玉澜堂” | 略 | 略 | 1. 及时打开轮椅通道；<br>2. 南广场现场人员疏导等 | 略 | 略 | 略 | 略 |
| 事故点 2 | 略 | 略 | 略 | 略 | 略 | 略 | 略 |
| …… | …… | | | …… | …… | | |
| 事故点 N | 略 | 略 | 略 | 略 | 略 | 略 | 略 |

上述过程是针对颐和园景区事故点“玉澜堂”景点，如何对其火灾事故情景下获取调控措施的示例。按照此方法和流程，我们可以构建事故点“玉澜堂”景点其他突发事件情景，并进行客流应急疏散和调控仿真实验，以取得该情景对应下的优选方案。同理，对于颐和园景区其他事故点，我们均可以开展不同地点、分级分类矩阵中不同突发事件情景下的调控仿真实验，获得各种优选方案后，形成完善的颐和园景区面对非常规突发事件时的“点—阵”式方案库。

“点—阵”式方案库和颐和园目前的限流和分流调控措施一起，就构建了颐和园景区游客高峰时段精细化、系统化的客流应急调控决策。这将有效提高颐和园景区应急管理阶段面对非常规突发事件的决策响应速度和科学化管理水平。

## 第四节　本章小结

本节基于决策理论与方法，重点研究以仿真系统为基础的景区客流调控决策支持系统，以期建设景区游客高峰时段精细化、系统化的客流应急调控决策预案。首先，对决策支持和决策支持系统进行概述，并根据研究的科学问题，构建基于仿真的客流调控决策支持系统；随后，对“情景—应对”模式下的客流调控与决策进行分析，提出建设面向景区非常规突发事件下的

“点—阵”式方案库，“点”是景区不同的事故点，“阵”是每个事故点对应的情景分级分类矩阵，两者的交叉点是对应的客流应急调控方案；接着，提出“点—阵”式方案库融合“预测—应对”模式下的限流和分流等调控措施，形成景区游客高峰时段系统化的客流调控决策；最后，基于 Matlab 软件实现了以颐和园“玉澜堂”为事故点，特定火灾情景下的客流应急调控仿真与决策研究。本节通过理论与实证相结合的研究，为景区游客高峰时段的客流应急调控提供了一种科学、切实可行的实践路径，这对于推动景区应急管理实践有着重要的探索意义。

# 第六章 结论与展望

## 第一节 研究结论

在景区游客高峰阶段，游客的安全是管理者较为关注的管理目标之一。通常情况下，管理者结合国家和地方的相关文件，制定景区级别的应急管理预案；基于景区的实际情况，开展相应的客流调控措施。面对景区游客高峰时段安全事故频发的现实，本书综合运用公共安全与应急管理理论、智慧景区理论、景区游览线路优化设计、景区时空分流导航管理理论、系统建模与仿真、决策理论与方法等多学科知识，重点深入研究了以下两个问题：

（1）对于景区游客高峰时段的客流安全管理，其应急管理系统还有哪些方面需要进一步完善？

（2）面对非常规突发事件中的客流，景区如何建立有针对性、科学性、系统性的应急调控决策？

通过文献梳理、理论分析、建模与仿真、具体论证和实证研究，得出以下主要结论：

（1）景区的客流调控需要有全方位、立体化、高融合的应急管理系统作为支撑。目前的景区应急管理系统已基本建成了“全方位”的应急管理体系框架、“立体化”的应急管理信息平台和基于“预测—应对”的应急管理实践模式。但对于复杂而多变的非常规突发事件，传统“预测—应对”模式下的客流限流分流等措施难以满足现实需求，需要开展“情景—应对”模式下的客流调控研究，两种管理模式下高融合的客流调控决策才能更好地适应景区应急管理实践的现实需求。

（2）面向非常规突发事件的客流应急调控决策，要基于非常规突发事件的情景构建，以此来有针对性地引导应急管理准备。情景构建对于不同类型的景区是不同的，景区要结合自身景区的类别、景区的客流特征、景区的道路网络、景区的信息服务设施和应急管理体系等情况，构建景区可能发生的非常规突发事件情景分级分类矩阵，并为针对每个情景做好“情景—应对”模式下的客流调控决策方案。

（3）面向景区高峰时段的非常规突发事件，科学的客流调控决策是要基于多学科知识和技术进行综合研究，能够进行多次演练且可以不断完善的调控方案。本书尝试以管理科学和信息科学等知识为主，建立元胞自动机和多Agent系统混合模型，融合涟漪扩散算法，构建了景区客流应急疏散仿真系统；通过该系统，经过反复实验和仿真演练，能够获得面向特定非常规突发事件情景，科学且实用的客流调控方案。

（4）面向景区高峰时段的应急管理，系统性的客流调控决策要完善景区“情景—应对”模式下的应急管理。通过构建基于仿真的客流调控决策支持系统，提出建立景区面向非常规突发事件的“点—阵”式方案库：“点”是景区不同的事故点、“阵”是每个事故点对应的情景分级分类矩阵、两者的交叉点是该情景下对应的客流调控方案。“点—阵”式方案库结合目前景区的限流和分流措施，为景区游客高峰时段的客流安全管理，提供系统化的客流调控决策支持。

## 第二节　主要创新点

本书可能的主要创新点，表现在以下几个方面：

（1）在一定程度上丰富了景区尺度的旅游管理理论。提出采用系统的视角审视景区及其组成：景区是由旅游者、核心吸引物、景区设施和景区管理者四个要素组成的功能系统。结合公共安全理论，分析了景区公共安全的承灾体（游客和旅游设施）、突发事件和应急管理，以及三者之间的“风险要素”。将非常规突发事件和景区安全明确地联系起来，并试图建立景区非常规突发事件的分级分类矩阵，以系统化标注景区的突发事件风险。将目前的应急管理认为是“预测—应对”模式管理，提出建设面向非常规突发事件的“情景—应对”模式应急管理，以完善景区全方位、立体化、高融合的应急管理系统。

（2）构建了基于元胞自动机和多 Agent 系统混合模型的景区客流应急疏散仿真系统，并根据景区系统、客流特征和景区应急管理的实际需求，对元胞自动机模型和涟漪扩散算法进行了改进，探索了一种快速求解景区内游客多源到多目的地最优疏散路径的方法，在模型构建和算法上取得了一定的创新。

（3）构建了基于仿真的景区客流调控决策支持系统，并提出建设面向非常规突发事件的“点—阵”式方案库:“点”是不同的事故点、“阵”是每个事故点对应的情景分级分类矩阵。提出“点—阵”式方案库和景区的限流分流措施一起，形成景区游客高峰时段系统化的客流应急调控决策，这为景区应急管理阶段的管理实践提供一种新的思路和路径。

## 第三节　研究展望

在景区游客高峰时段，基于优质旅游景区经常人山人海、偶有突发安全事件发生的现实，目前的分流和限流措施并不能很好地满足景区应急管理阶段的客流调控需要。特别是在景区局部的拥堵景点，仍非常可能发生破坏严重的非常规突发事件，所以游客高峰时段的客流安全和应急调控是一个非常具有实践意义的课题。由于课题涉及学科知识较广，且受本人知识储备、研究水平、研究时间、研究数据获取等各种限制，书中某些论述和方法还有待进一步深入探讨和研究。未来研究展望如下：

（1）景区客流应急疏散仿真系统中涉及的数据、算法与模型等有待进一步完善。客流特征、突发事件情景和景区路网等数据的获取，需要考虑复杂异构数据的数据集成、数据组织、数据存储和数据共享[①]；基于仿真的决策系统需要考虑多智能体技术的模型－数据链构建方法，以及其他模型库的构建方法等。由于仿真系统是由上述多个因素共同作用的，且准确反映上述因素的变量本身仍需要不断完善才能更准确，所以客流应急疏散仿真系统需要在数据、算法与模型等方面不断调整和改进，才能更接近景区客流应急疏散的现实情况，进而达到景区应用的要求。

（2）景区游客安全管理与应急调控研究的理论基础需要进一步加强。该研究需要管理科学、心理科学和信息科学等多学科理论知识为支撑。如突发事件应急场景下的数据集成研究、个体和群体在紧急状态下的心理反应与行为规律、突发事件情景推演与决策过程模拟仿真和集成应用等问题，需要大数据、心理行为学、运筹学、计算机科学等专业的理论知识。由于时间和能力有限，未来在上述方面要积极寻求团队协作，以期把不同领域的理论和最新成果运用到课题的研究中来。

（3）加强课题相关的案例分析与集成管理。未来要加强和景区、景区主管部门以及相关旅游企业开展合作，建立景区客流安全管理与应急调控案例库，不断增加案例数量，丰富案例素材。通过对案例的结构化和案例要素的相关性研究，能够在大量案例中，学习“模块”或“组件”，去重构类似的突发事件情景，进而为景区的突发事件刻画和客流应急调控研究提供支持。

① 张辉，刘奕，刘艺．突发事件应急决策支持的理论与方法［M］．北京：科学出版社，2017.

# 附录 1　景区最大承载量核定导则

1 范围

本标准规定了景区最大承载量的核定原则、方法和步骤。

本标准适用于中华人民共和国境内各类景区。

2 术语和定义

下列术语和定义适用于本文件。

2.1 最大承载量 carry capacity of scenic area

最大承载量是指在一定时间条件下，在保障景区内每个景点旅游者人身安全和旅游资源环境安全的前提下，景区能够容纳的最大旅游者数量。

2.2 空间承载量 space carry capacity of scenic area

空间承载量是指在一定时间条件下，旅游资源依存的游憩用地、游览空间等有效物理环境空间能够容纳的最大旅游者数量。

2.3 设施承载量 facility carry capacity of scenic area

设施承载量是指在一定时间条件下，景区内各项旅游服务设施在正常工作状态下，能够服务的最大旅游者数量。

2.4 生态承载量 ecology carry capacity of scenic area

生态承载量是指在一定时间条件下，景区在生态环境不会恶化的前提下能够容纳的最大旅游者数量。

2.5 心理承载量 psychology carry capacity of scenic area

心理承载量是指在一定时间条件下，旅游者在进行旅游活动时无不良心理感受的前提下，景区能够容纳的最大旅游者数量。

2.6 社会承载量 society carry capacity of scenic area

社会承载量是指在一定时间条件下，景区周边公共设施能够同时满足旅游者和当地居民需要，旅游活动对旅游地人文环境的冲击在可接受范围内的前提下，景区能够容纳的最大旅游者数量。

2.7 瞬时承载量 instantaneous carry capacity of scenic area

瞬时承载量是指在某一时间点，在保障景区内每个景点旅游者人身安全和旅游资源环境安全的前提下，景区能够容纳的最大旅游者数量。

2.8 日承载量 daily carry capacity of scenic area

日承载量是指在景区的日开放时间内，在保障景区内每个景点旅游者人身安全和旅游资源环境安全的前提下，景区能够容纳的最大旅游者数量。

3 总则

3.1 以人为本

以维护旅游者的合法权益为基本出发点，安全第一，保障旅游者的人身安全，确保旅游活动的有序进行，不断提高旅游者的满意度。

3.2 可持续发展

合理利用和分配景区内的各类资源，强调对自然资源、历史人文资源的保护，在保证旅游资源质量不下降和生态环境不退化的前提下，协调好景区旅游与自然生态环境保护、当地社会经济发展的关系，实现可持续发展。

3.3 综合协调

兼顾景区内各景点、各时段以及景区周边等多种因素，内外统筹，综合平衡旅游者、当地居民及政府等各方利益，景区和地方政府通过沟通协作共同推进。

4 景区最大承载量核定

4.1 核定原则

4.1.1 景区应结合国家、地方和行业已颁布的相关法规、政策、标准，采用定量与定性、理论与经验相结合的方法核定最大承载量。

4.1.2 景区应测算出空间承载量和设施承载量，并根据实际情况确定景区最大承载量的基本值；在此基础上，以生态承载量、心理承载量、社会承载量等方面的指标或经验值作为参考。

4.2 核定方法

4.2.1 瞬时承载量

4.2.1.1 景区瞬时承载量一般是指瞬时空间承载量，瞬时空间承载量 $C_1$ 由以下公式确定：

$$C_1 = \sum X_i / Y_i$$

式中：

$X_i$——第 $i$ 个景点的有效可游览面积；

$Y_i$——第 $i$ 个景点的旅游者单位游览面积，即基本空间承载标准。

4.2.1.2 当景区设施承载量是景区承载量瓶颈时，或景区以设施服务为主要功能时，其瞬时承载量取决于瞬时设施承载量，瞬时设施承载量 $D_1$ 由以下公式确定：

$$D_1 = \sum D_j$$

式中：

$D_j$——第 $j$ 个设施单次运行最大载客量，可以用座位数来衡量。

4.2.2 日承载量

4.2.2.1 景区日承载量一般是指日空间承载量，日空间承载量 $C_2$ 由以下公式确定：

$$C_2 = \sum X_j / Y_j \times \text{Int}\left(T/t\right) = C_1 \times Z$$

式中：

$T$——景区每天的有效开放时间；

$t$——每位旅游者在景区的平均游览时间；

$Z$——整个景区的日平均周转率，即 $Int\left(T/t\right)$ 为 $T/t$ 的整数部分值。

4.2.2.2 当景区设施承载量是景区承载量瓶颈时，或景区以设施服务为主要功能时，其日承载量取决于日设施承载量，日设施承载量 $D_2$ 由以下公式确定：

$$D_2 = \frac{1}{a} \sum D_j \times M_j$$

式中：

$D_j$——第 $j$ 个设施单次运行最大载客量；

$M_j$——第 $j$ 个设施日最大运行次数；

$a$——根据景区调研和实际运营情况得出的人均使用设施的个数；

通过系数 $a$ 去掉单一旅游者使用多个设施而被重复计算的次数。

4.2.2.3 当旅游者在景区有效开放时间内相对匀速进出，且旅游者平均游览时间是一个相对稳定的值时，日最大承载量由以下公式确定 C：

$$C = \frac{r}{t} \times (t_2 - t_0) = \frac{r}{t_1 - t_0} \times (t_2 - t_0)$$

式中：

$r$——景区高峰时刻旅游者人数；

$t$——每位旅游者在景区的平均游览时间；

$t_0$——景区开门时刻（景区开始售票时刻）；

$t_1$——景区高峰时刻；

$t_2$——景区停止售票时刻。

4.3 核定步骤

4.3.1 资料采集

应收集整理景区空间承载量、设施承载量、生态承载量、心理承载量、社会承载量等方面的相关资料，包括但不限于：

a）景区面积；

b）有效游览面积；

c）年均客流量；

d）停车场停车位数；

e）景区周围缓冲区承载量；

f）绿化面积标准；

g）噪声管理标准；

h）垃圾最大处理量。

4.3.2 指标选取

应根据景区所属类型与特殊性，结合景区敏感目标，按照空间、设施、生态、心理、社会五个方面指标将数据进行归类，得出景区的基本空间承载标准。不同类型景区的基本空间承载标准参见附录 2。

4.3.3 测算核定

应将空间承载指标和设施承载指标代入适合的公式进行测算，确定基本值；再根据生态承载、心理承载、社会承载指标进行校核。

5 景区旅游者流量控制

宜充分考虑空间承载量、设施承载量、生态承载量、心理承载量、社会承载量等多种因素，建立旅游者流量控制联动系统，通过实时监测、疏导分流、预警上报、特殊预案等对景区流量进行控制（参见附录 3）。

# 附录 2　不同类型景区的基本空间承载标准示例（资料性附录）

附表 1 至附表 7 给出了不同类型景区的基本空间承载标准示例①。

附表 1 给出了文物古迹类景区示例。

**附表 1　文物古迹类景区示例**

| 文物古迹类景区 | 空间类型 | 核心景区 | 洞窟等卡口 | 游步道 |
| --- | --- | --- | --- | --- |
| 八达岭长城 | 人均空间承载指标 | 1~1.1 $m^2$/ 人 | — | — |
| 故宫博物院 | 人均空间承载指标 | 0.8~3 $m^2$/ 人 | — | — |
| 龙门石窟、敦煌莫高窟 | 人均空间承载指标 | — | 0.5~1 $m^2$/ 人 | 2~5 $m^2$/ 人 |

附表 2 给出了文化遗址类景区示例。

**附表 2　文化遗址类景区示例**

| 文化遗址类景区 | 空间类型 | 遗址核心区 | 游步道 |
| --- | --- | --- | --- |
| 秦始皇兵马俑博物馆 | 人均空间承载指标 | 2.5~10 $m^2$/ 人 | 1~3 $m^2$/ 人 |

① 表中的数据均来源于景区调研。

附表3给出了古建筑类景区示例。

附表3　古建筑类景区示例

| 古建筑类景区 | 空间类型 | 核心景区 | 其他区域 |
|---|---|---|---|
| 黄鹤楼、永定土楼 | 人均空间承载指标 | 1~3 $m^2$/人 | >2.5 $m^2$/人 |

附表4给出了古街区类景区示例。

附表4　古街区类景区示例

| 古街区类景区 | 空间类型 | 核心景区 | 其他区域 | 保护建筑 | 游步道 |
|---|---|---|---|---|---|
| 周村古商城 | 人均空间承载指标 | 2~5 $m^2$/人 | 1~2 $m^2$/人 | 0~30人/栋 | 2~5 $m^2$/人 |

附表5给出了古典园林类景区示例。

附表5　古典园林类景区示例

| 古典园林类景区 | 空间类型 | 游步道 | 其他区域 |
|---|---|---|---|
| 颐和园 | 人均空间承载指标 | 0.8~2 $m^2$/人 | >60 $m^2$/人 |

附表6给出了山岳类景区示例。

附表6　山岳类景区示例

| 山岳类景区 | 空间类型 | 核心景区 | 游步道 |
|---|---|---|---|
| 吉林长白山景区 | 人均空间承载指标 | 1~1.5 $m^2$/人 | 0.5~1 $m^2$/人 |

附表7给出了主题公园类景区示例。

附表7　主题公园类景区示例

| 主题公园 | 空间类型 | 核心景区 | 核心游乐项目等候区 |
|---|---|---|---|
| 中华恐龙园 | 人均空间承载指标 | 0.5~1 $m^2$/人 | 0.5~1 $m^2$/人 |

# 附录3　景区旅游者流量控制建议（资料性附录）[1]

3.1 景区最大承载量提升方向

3.1.1 空间承载量和设施承载量

a）合理分配游憩用地、旅游接待服务设施用地和旅游管理用地等。

b）将旅游者人均占路长度、人均占地面积等控制在合理范围内，并基于人文旅游资源或自然旅游资源不同的敏感度、旅游时段、旅游淡旺季等不同特性进行针对性控制。

c）景区投资规模和强度与内外交通运载能力和便捷度、景区供水供电能力相匹配。

d）景区食宿设施、游览娱乐设施、旅游购物设施满足旅游者的需求。

e）加大景区安全卫生设施投入，提高景区垃圾处理率，保持景区的安全和卫生。

3.1.2 生态承载量

a）加强环境保护监管，削减污染源；完善环保措施，提高环境净化能力。

b）旅游活动不对景区所在地的空气、土壤、水、植被、野生动物等产生

① 此附录只截取了部分内容。

不可逆转的破坏。

c）旅游活动不对景区所在地的景观多样性、差异性和稳定性产生不可逆转的影响。

3.1.3 心理承载量和社会承载量

a）充分考虑旅游者的社会经济背景、人口特征等因素，有针对性地提高旅游者心理舒适度。

b）着力提高旅游地居民对旅游社会文化、旅游经济和旅游环境的认知水平，从而提高旅游地居民在发展旅游过程中的心理开放度和舒适度。

3.2 景区旅游者流量控制联动系统

3.2.1 地方政府外部系统

地方政府组织所有相关部门，重点是交通与公安部门，构建一级指挥调度系统，对通往景区的外围道路入口和主要集散中心（地）进行流量监控，在景区外部进行引导、分流和截流。

3.2.2 景区内部系统

景区可建立包括门票预约、实施监测、疏导分流、预警上报和特殊预案五个步骤在内的旅游者流量控制系统，并与地方政府一级总控制系统联动，通过自下而上、内外联合，对旅游者流量进行控制。

3.3 景区旅游者流量控制流程

3.3.1 门票预约

景区逐步推广门票预约预售。在经上级价格主管部门与旅游行政主管部门同意后，采用预先支付享受折扣等方式引导旅游者提前订票，以有效预估旅游者流量。

3.3.2 实时监测

3.3.2.1 监测常态化

景区逐步推进旅游者流量监测常态化。采用门禁票务系统、景区一卡通联动系统、景点实时监控系统等技术手段，实现景区流量监测的点、线、面布局。

3.3.2.2 信息平台化

景区通过公共媒体、景区渠道等，并结合智慧旅游新技术，利用移动多媒体、智能终端等多样化的旅游信息平台，及时公布景区旅游者流量，供旅游者参考。

3.3.2.3 预案有序化

景区通过监测数据，预测景区旅游者流量趋势，对景区旅游者流量实行分级管理，为疏导分流工作预案的启动提供依据。

3.3.3 疏导分流

景区内旅游者数量达到最大承载量 80% 时，启动包括交通调控、入口调控等措施控制旅游者流量。

3.3.3.1 交通调控

有针对性地启动交通运力动态调整预案，通过周边道路管控、区内停车控制、公交调度控制等措施削减旅游者，错峰接待。

3.3.3.2 入口调控

a）合理设计旅游者排队等候的方式和途径。通过开通快速入园通道疏导分流入口处旅游者。

b）通过折扣补偿、延长有效期、多种形式的通票等，减少景区入口或设备设施入口的旅游者数量。

c）在景区入口大门及售票区，增设电子显示牌，提供给旅游者最及时的信息。

3.3.3.3 区内调控

a）通过分时入园、高峰限时逗留，减少景区内旅游者数量。

b）在主要景点前设置电子显示屏，显示旅游者的密集分布情况，供旅游者合理选择下一个景点。

c）必要时根据预案，派专人将旅游者疏导至广场、绿地等公共空间或应急避难场所。

3.3.3.4 区外调控

通过线路优化、向周边景区景点分流等疏导措施分流旅游者。

3.3.4 预警上报

a）景区内旅游者数量接近最大承载量时，当向社会公告并同时向当地人民政府报告，同时在当地人民政府的指挥、指导、协助下，配合景区主管部门和旅游行政主管部门启动应急预案。

b）景区内旅游者数量达到最大承载量时，立即停止售票，向旅游者发布告示，做好解释和疏导等相关工作。

3.3.5 特殊预案

景区应针对节假日及大型活动制定相应旅游者流量控制预案。

## 参考文献


［1］GB/T 18971—2003 旅游规划通则

［2］GB/T 20416—2006 自然保护区生态旅游规划技术规程

［3］GB 50298—1999 风景名胜区规划规范

［4］CJJ 48—92 公园设计规范

［5］JG4201/T 028—2013 武汉市旅游景区（点）承载量评价技术规范

# 参考文献


［1］张凌云．旅游景区管理［M］．北京：旅游教育出版社，2019.

［2］范维澄，闪淳昌等．公共安全与应急管理［M］．北京：科学出版社，2017.

［3］张辉，刘奕，刘艺．突发事件应急决策支持的理论与方法［M］．北京：科学出版社，2017.

［4］陈云川，邱萍，何文俊等．景区游客高峰时段管理理论与实践［M］．北京：中国旅游出版社，2018.

［5］谢朝武．旅游应急管理［M］．北京：中国旅游出版社，2018.

［6］王宏伟．应急管理理论与实践［M］．北京：社会科学文献出版社，2010.

［7］宣慧玉，张发．复杂系统仿真及应用［M］．北京：清华大学出版社，2008.

［8］梁明珠．旅游应急管理［M］．广州：暨南大学出版社，2011.

［9］佟瑞鹏，李春旭．旅游景区事故应急管理与预案编制［M］．北京：中国劳动社会保障出版社，2015.

［10］谢彦君．基础旅游学［M］．北京：中国旅游出版社，2004.

［11］马耀峰，李天顺，刘新平．中国入境旅游研究［M］．北京：科学出版社，1999.

［12］保继刚，楚义芳．旅游地理学［M］．北京：高等教育出版社，1999.

［13］郑天翔．智慧景区游客时空分流导航管理——理论与应用［M］．北京：中国旅游出版社，2017.

［14］罗国勋，罗昕，蒋天颖，等．系统建模与仿真［M］．北京：高等教育出版社，2011.

［15］郭立夫，郭文强，李北伟．决策理论与方法［M］．北京：高等教育出版社，2015.

［16］马勇，李玺．旅游景区管理［M］．北京：中国旅游出版社，2006.

［17］王昆欣，牟丹．旅游景区服务与管理［M］．北京：旅游教育出版社，2018.

［18］中共共产党第十六届三中全会．中共中央关于完善社会主义市场经济体制若干问题的决定［M］．北京：人民出版社，2003.

［19］诺曼·R. 奥古斯丁等．危机管理［M］．北京：中国人民大学出版社，2001.

［20］杨振之．旅游资源开发与规划［M］．成都：四川大学出版社，2010.

［21］刘亚轩等．旅游景区服务与管理［M］．北京：中国商业出版社，2017.

［22］王晓东．计算机算法设计与分析［M］．北京：电子工业出版社，2004.

［23］闪淳昌．应急管理：中国特色的运行模式与实践［M］．北京：北京师范大学出版社，2011.

［24］李锋刚．基于案例推理的智能决策技术［M］．合肥：安徽大学出版社，2011.

［25］Blackley A B. Emergency Preparedness and Crisis Management［M］. AEA Technology，United Kingdom，1994.

［26］Heath R L. Crisis Management for Managers and Executives［M］. London：Financial Times Pitman Publishing，1998.

［27］Liu P，He Y M. A Study of Management of Online Public Opinions of Crisis Events Based on Tourism Images-Take Whopping Price Seafood of Sanya for an Example［M］//Zhang H. Lecture Notes in Management Science. SINGAPORE：SINGAPORE MANAGEMENT & SPORTS SCIENCE INST PTE LTD，2016：489-493.

［28］Scott D，Lemieux C. Weather and Climate Information for Tourism［M］//Sivakumar M，Nyenzi B S，Tyagi A. Procedia Environmental Sciences. AMSTERDAM：ELSEVIER SCIENCE BV，2010：146-183.

［29］Hoetmer G J，Introduction.，In Drabek T E，et al. Emergency Management：Principles and Practice for Local Government［M］. Washington，DC：International City Management Association，1991.

［30］Martin D，Alzua A，Lamsfus C. A Contextual Geofencing Mobile Tourism Service［M］//Law R，Fuchs M，Ricci F. 2011：191-202.

［31］LB/T 034—2014，景区最大承载量核定导则［S］.

［32］LB/T 068—2017，景区游客高峰时段应对规范［S］.

［33］GB/T 17775—2003，旅游景区质量等级的划分与评定［S］.

［34］中国人民共和国文化和旅游部 . 2018 年文化和旅游发展统计公报［R］.2018.

［35］郑向敏，谢朝武 . 2018—2019 年中国旅游安全形势分析与展望［R］.2019.

［36］国家统计局 . 中国统计年鉴［R］.2018.

［37］Faulkner B. Towards a framework for tourism disaster management［J］. TOURISM MANAGEMENT，2001，22（2）：135-147.

［38］Cioccio L，Michael E J. Hazard or disaster：Tourism management for the inevitable in Northeast Victoria［J］. TOURISM MANAGEMENT，2007，28（1）：1-11.

［39］Tsai C，Chen C. An earthquake disaster management mechanism based on risk assessment information for the tourism industry-a case study from the island of Taiwan［J］. TOURISM MANAGEMENT，2010，31（4）：470-481.

[ 40 ] Nishihara F, Shimada H, Saito S. Rate pressure product and oxygen saturation in tourists at approximately 3000 m above sea level [ J ] . INTERNATIONAL ARCHIVES OF OCCUPATIONAL AND ENVIRONMENTAL HEALTH, 1998, 71 ( 8 ): 520–524.

[ 41 ] Heggie T W. Geotourism and volcanoes: Health hazards facing tourists at volcanic and geothermal destinations [ J ] . TRAVEL MEDICINE AND INFECTIOUS DISEASE, 2009, 7 ( 5 ): 257–261.

[ 42 ] Bentley T, Page S, Meyer D, et al. How safe is adventure tourism in New Zealand? An exploratory analysis [ J ] . APPLIED ERGONOMICS, 2001, 32 ( 4 ): 327–338.

[ 43 ] Bentley T A, Cater C, Page S J. Adventure and ecotourism safety in Queensland: Operator experiences and practice [ J ] . TOURISM MANAGEMENT, 2010, 31 ( 5 ): 563–571.

[ 44 ] Kumar G S J. Disaster management and social development [ J ] . INTERNATIONAL JOURNAL OF SOCIOLOGY &SOCIAL POLICY, 2000, 20 ( 7 ): 66–81.

[ 45 ] Moe T L, Pathranarakul P. An integrated approach to natural desaster management: Public project management and its critical success factors [ J ] . DISASTER PREVENTION AND MANAGEMENT, 2006, 15 ( 3 ): 396–413.

[ 46 ] Kelly C. A framework for improving operational effectiveness and cost efficiency in emergency planning and response [ J ] . DISASTER PREVENTION AND MANAGEMENT, 1995, 4 ( 3 ): 25–35.

[ 47 ] Faulkner B. Towards a framework for tourism disaster management [ J ] . TOURISM MANAGEMENT, 2001, 22 ( 2 ): 135–147.

[ 48 ] Nunamaker J F J, Weber E S C M. Organizational crisis management systems: planning for intelligent action [ J ] . JOURNAL OF MANAGEMENT INFORMATION SYSTEMS, 1989, 5 ( 4 ): 7–32.

[ 49 ] Paraskevas A, Altinay L. Signal detection as the first line of defence in tourism crisis management [ J ] . TOURISM MANAGEMENT, 2013, 34: 158–

171.

［50］Paraskevas A，Arendell B. A strategic framework for terrorism prevention and mitigation in tourism destinations［J］. TOURISM MANAGEMENT，2007，28（6）：1560–1573.

［51］Malhotra R，Venkatesh U. Pre-crisis period planning：lessons for hospitality and tourism［J］. WORLDWIDE HOSPITALITY AND TOURISM THEMES，2009，1（1）：66–74.

［52］Johnston D，Becker J. Developing warning and disaster response capacity in the tourism sector in coastal Washington，USA［J］. DISASTER PREVENTION AND MANAGEMENT，2007，16（2）：210–216.

［53］Prayag G. Symbiotic relationship or not? Understanding resilience and crisis management in tourism［J］. TOURISM MANAGEMENT PERSPECTIVES，2018，25：133–135.

［54］Liu B，Pennington-Gray L，Krieger J. Tourism crisis management：Can the Extended Parallel Process Model be used to understand crisis responses in the cruise industry?［J］. TOURISM MANAGEMENT，2016，55：310–321.

［55］Becken S，Hughey K F D. Linking tourism into emergency management structures to enhance disaster risk reduction［J］. TOURISM MANAGEMENT，2013，36：77–85.

［56］Paraskevas A，Quek M. When Castro seized the Hilton：Risk and crisis management lessons from the past［J］. TOURISM MANAGEMENT，2019，70：419–429.

［57］Beirman D. The integration of emergency management and tourism［J］. THE AUSTRALIAN JOURNAL OF EMERGENCY MANAGEMENT，2011，26（3）：30–34.

［58］Roehl W S，Ditton R B，Fesenmaier D R. Community-tourism ties［J］. ANNALS OF TOURISM RESEARCH，1989，16（4）：504–513.

［59］姜科，程励，李仕明，等．非常规突发事件对旅游城市的文化影响及其重建［J］．管理世界，2009（12）：7–10.

［60］王朋义，杜军平．基于人工免疫算法的旅游突发事件预警研究［J］．北京工商大学学报（自然科学版），2008（03）：76-80.

［61］谢朝武，周沛．面向旅游者安全的公共服务体系研究［J］．华侨大学学报（哲学社会科学版），2011（01）：30-38.

［62］苏欣慰．刍议酒店突发事件的应急管理［J］．科技和产业，2009，9（12）：100-103.

［63］李树民，温秀．论我国旅游业突发性危机预警机制建构［J］．西北大学学报（哲学社会科学版），2004（05）：45-48.

［64］谢朝武．业外突发事件与旅游业的应急管理研究［J］．华侨大学学报（哲学社会科学版），2008（04）：28-36.

［65］李九全，李开宇，张艳芳．旅游危机事件与旅游业危机管理［J］．人文地理，2003（06）：35-39.

［66］陈文君．我国旅游景区的主要危机及危机管理初探［J］．旅游学刊，2005（06）：65-70.

［67］朱伟霞，韩静雯．突发事件对城市旅游业的影响分析——以菲律宾马尼拉劫持游客事件为例［J］．现代商贸工业，2011，23（13）：63-64.

［68］谢朝武．我国旅游安全预警体系的构建研究［J］．中国安全科学学报，2010，20（08）：170-176.

［69］邵冬梅，苗维亚．旅游景区自然灾害防治管理的研究［J］．桂林旅游高等专科学校学报，2006（02）：153-156.

［70］王兆峰，朱彦锋．旅游产业风险防范与化解对策研究［J］．吉首大学学报（自然科学版），2009，30（05）：116-120.

［71］何德伟，马东涛，吴杨．敦煌莫高窟北区岩体变异变形及修复对策［J］．工程地质学报，2008（02）：283-288.

［72］汪洪亮，张金玲．系统科学视阈中的灾后羌寨文化保护与旅游振兴［J］．系统科学学报，2010，18（01）：42-45.

［73］张金玲，汪洪亮．灾害与重建语境中的羌族村寨文化保护与旅游重振——以汶川雁门乡萝卜寨为例［J］．贵州民族研究，2009，29（04）：138-142.

［74］杨国才．楚雄千年彝族诸葛营村的震后重建与旅游开发——地质灾害后村落发展的启示与社会学思考［J］．云南民族大学学报（哲学社会科学版），2011，28（05）：78-85.

［75］刘天曌，杨载田，谭玲．从南方冰灾透视旅游景区危机管理——以南岳衡山为例［J］．经济研究导刊，2011（15）：175-176.

［76］蔡淑华，唐静．震后北川县旅游业恢复发展竞争分析［J］．中国商贸，2010（01）：68-69.

［77］刘春玲，孙庆军，吴丽云，等．突发性危机事件对旅游业发展的影响及旅游业应急机制研究［J］．石家庄学院学报，2005（03）：60-64.

［78］谢朝武，郑向敏．旅游业危机的应急管理研究［J］．北京第二外国语学院学报，2007（09）：26-29.

［79］张广瑞．SARS 后关于中国旅游发展的冷静思考［J］．财贸经济，2003（11）：65-69.

［80］何月美，邹永广．旅游突发事件公共治理网络结构特征研究［J］．旅游学刊，2019，34（04）：51-65.

［81］付钢业．新形势下饭店业突发事件应急管理的难点分析及改善建议［J］．饭店现代化，2011（07）：30-32.

［82］任学慧，王月．滨海城市旅游安全预警与事故应急救援系统设计［J］．地理科学进展，2005（04）：123-128.

［83］刘睿，李星明．四川旅游震后响应的实证研究［J］．旅游学刊，2009，24（11）：25-29.

［84］刘霞．混沌理论视角下旅游目的地危机管理体系的构建［J］．中州大学学报，2011，28（05）：76-79.

［85］尹郑刚．地质灾害与旅游业可持续发展［J］．攀枝花学院学报，2010，27（03）：14-18.

［86］翟向坤．论中国旅游救援体系的构建［J］．北京工商大学学报（社会科学版），2008（05）：84-92.

［87］刘明广．旅游业突发性危机预警机制的构建［J］．中国城市经济，2010（09）：29.

［88］杨俭波，黄耀丽，徐颂，等．Web Service/Web GIS 在突发性旅游灾害事件应急预警信息系统中的应用［J］．人文地理，2006（04）：79–84.

［89］陈艳华，席元凯．基于多 Agent 的旅行社连锁经营的风险预警信息辅助决策系统研究［J］．江西科技师范学院学报，2010（05）：100–103.

［90］韩林芝，郑江华．BP 神经网络在旅游安全预警信息系统中的应用研究［J］．安徽农业科学，2009，37（07）：3327–3329.

［91］焦东亮，杜军平．旅游突发事件智能决策支持系统研究［J］．北京工商大学学报（自然科学版），2008（02）：55–58.

［92］高小平，刘一弘．我国应急管理研究述评（上）［J］．中国行政管理，2009（08）：29–33.

［93］谢朝武．我国高风险旅游项目的安全管理体系研究［J］．人文地理，2011，26（02）：133–138.

［94］韩智勇，钟永光，杨列勋．“非常规突发事件应急管理”重大研究计划召开 2009 年度项目启动会［J］．中国科学基金，2009，23（05）：268.

［95］姜科．非常规突发事件背景下旅游城市形象及旅游者行为研究［D］．电子科技大学，2010.

［96］姜科，程励，李仕明，等．非常规突发事件对旅游城市的文化影响及其重建［J］．管理世界，2009（12）：7–10.

［97］程励．非常规突发事件影响下遗产旅游研究的“后危机”聚焦［J］．旅游学刊，2012，27（06）：3–4.

［98］刘晓燕，彭健，白洋．非常规突发事件背景下旅游城市经济脆弱性研究——以乌鲁木齐市为例［J］．旅游研究，2016，8（03）：73–79.

［99］张佑印，顾静，马耀峰．旅游流研究的进展、评价与展望［J］．旅游学刊，2013，28（06）：38–46.

［100］Prideaux B，Kim S M. Bilateral tourism imbalance – is there a cause for concern：the case of Australia and Korea［J］. TOURISM MANAGEMENT，1999，20（4）：523–531.

［101］I. W R. Summer Cottagers in Ontario［J］. ECONOMIC GEOGRAPHY，1951，1（27）：10–32.

[ 102 ] Pearce D G. Spatial patterns of package tourism in Europe [ J ] . ANNALS OF TOURISM RESEARCH, 1987, 14 ( 2 ): 183–201.

[ 103 ] Smallwood C B, Beckley L E, Moore S A. An analysis of visitor movement patterns using travel networks in a large marine park, north–western Australia [ J ] . TOURISM MANAGEMENT, 2012, 33 ( 3 ): 517–528.

[ 104 ] Stewart S I, Vogt C A. Multi–destination trip patterns [ J ] . ANNALS OF TOURISM RESEARCH, 1997, 24 ( 2 ): 458–461.

[ 105 ] Chua A, Servillo L, Marcheggiani E, et al. Mapping Cilento: Using geotagged social media data to characterize tourist flows in southern Italy [ J ] . TOURISM MANAGEMENT, 2016, 57: 295–310.

[ 106 ] Hwang Y, Gretzel U, Fesenmaier D R. Multicity trip patterns – Tourists to the United States [ J ] . ANNALS OF TOURISM RESEARCH, 2006, 33 ( 4 ): 1057–1078.

[ 107 ] Balaz V, Mitsutake M. Japanese tourists in transition countries of Central Europe: Present behaviour and future trends [ J ] . TOURISM MANAGEMENT, 1998, 19 ( 5 ): 433–443.

[ 108 ] McKercher B, Lau G. Movement patterns of tourists within a destination [ J ] . TOURISM GEOGRAPHIES, 2008, 10 ( 3 ): 355–374.

[ 109 ] Witt C A, Witt S F, Wilson N. Forecasting international tourist flows [ J ] . ANNALS OF TOURISM RESEARCH, 1994, 21 ( 3 ): 612–628.

[ 110 ] Kulendran N, King M L. Forecasting international quarterly tourist flows using error–correction and time–series models [ J ] . INTERNATIONAL JOURNAL OF FORECASTING, 1997, 13 ( 3 ): 319–327.

[ 111 ] Kim J H, Moosa I A. Forecasting international tourist flows to Australia: a comparison between the direct and indirect methods [ J ] . TOURISM MANAGEMENT, 2005, 26 ( 1 ): 69–78.

[ 112 ] Song H, Witt S F. Forecasting international tourist flows to Macau [ J ] . TOURISM MANAGEMENT, 2006, 27 ( 2 ): 214–224.

[ 113 ] Wong, I.A., et al., The dual distance model of tourism movement in

intra-regional travel [J]. Current Issues in Tourism, 2021. 24 (9): p. 1190-1198.

[114] Lim C. A Meta-Analysis Review of International Tourism Demand [J]. JOURNAL OF TRAVEL RESEARCH, 1999, 37: 273-284.

[115] Timothy D J, Tosun C. Tourists' perceptions of the Canada-USA border as a barrier to tourism at the International Peace Garden [J]. TOURISM MANAGEMENT, 2003, 24 (4): 411-421.

[116] Garín-Muñoz T, Montero-Martín L F. Tourism in the Balearic Islands: A dynamic model for international demand using panel data [J]. TOURISM MANAGEMENT, 2007, 28 (5): 1224-1235.

[117] Khadaroo J, Seetanah B. The role of transport infrastructure in international tourism development: A gravity model approach [J]. TOURISM MANAGEMENT, 2008, 29 (5): 831-840.

[118] Balli F, Balli H O, Jean Louis R. The impacts of immigrants and institutions on bilateral tourism flows [J]. TOURISM MANAGEMENT, 2016, 52: 221-229.

[119] Khadaroo J, Seetanah B. The role of transport infrastructure in international tourism development: A gravity model approach [J]. TOURISM MANAGEMENT, 2008, 29 (5): 831-840.

[120] Itami R, Raulings R, MacLaren G, et al. RBSim 2: simulating the complex interactions between human movement and the outdoor recreation environment [J]. JOURNAL FOR NATURE CONSERVATION, 2003, 11 (4): 278-286.

[121] Wolf I D, Hagenloh G, Croft D B. Visitor monitoring along roads and hiking trails: How to determine usage levels in tourist sites [J]. TOURISM MANAGEMENT, 2012, 33 (1): 16-28.

[122] 晏鲤波. 中国旅游心理研究二十年述评 [J]. 旅游科学, 2004 (03): 65-69.

[123] 唐顺铁, 郭来喜. 旅游流体系研究 [J]. 旅游学刊, 1998 (03):

38-41.

［124］张佑印，马耀峰，马红丽，等．北京入境集聚扩散旅游流平衡点转移规律研究［J］．旅游学刊，2009，24（12）：31-35.

［125］吴必虎．上海城市游憩者流动行为研究［J］．地理学报，1994（02）：117-127.

［126］张佑印．北京入境集聚扩散旅游流时空演变规律及动力机制研究［D］．陕西师范大学，2010.

［127］薛莹．旅游流在区域内聚：从自组织到组织——区域旅游研究的一个理论框架［J］．旅游学刊，2006（04）：47-54.

［128］杨新军，牛栋，吴必虎．旅游行为空间模式及其评价［J］．经济地理，2000（04）：105-108.

［129］钟士恩，张捷，韩国圣，等．旅游流空间模式基本理论：问题分析及其展望［J］．人文地理，2010，25（02）：31-36.

［130］吴晋峰，包浩生．旅游流距离衰减现象演绎研究［J］．人文地理，2005（02）：62-65.

［131］刘宏盈．广东入境旅游流西向扩散距离衰减规律研究［J］．经济地理，2012，32（11）：162-165.

［132］廖继武．“核心－边缘”区域结构对旅游客流的影响——以肇庆景区为例［J］．云南地理环境研究，2013，25（04）：81-86.

［133］薛莹．江浙沪地区的内聚旅游流分析［J］．旅游科学，2006（03）：6-12.

［134］张佑印，顾静，马耀峰，等．北京入境旅游流分级扩散模式及动力机制分析［J］．人文地理，2012，27（05）：120-127.

［135］毛端谦，张捷，包浩生．基于 Lancaster 特性理论的旅游目的地选择模式——理论分析与江西省旅游客流的实证研究［J］．地理研究，2005（06）：992-999.

［136］保继刚，龙江智．城市旅游驱动力的转化及其实践意义［J］．地理研究，2005（02）：274-282.

［137］保继刚，郑海燕，戴光全．桂林国内客源市场的空间结构演

变［J］. 地理学报，2002（01）：96-106.

［138］吴晋峰，包浩生. 旅游流距离衰减现象演绎研究［J］. 人文地理，2005（02）：62-65.

［139］张佑印，马耀峰，顾静. 北京入境旅游流扩散动力机制分析［J］. 干旱区资源与环境，2012，26（01）：122-127.

［140］高军，吴必虎，马耀峰. 旅华英国游客 O → D 旅游客流动力机制研究［J］. 旅游学刊，2011，26（02）：35-40.

［141］杨兴柱，顾朝林，王群. 旅游流驱动力系统分析［J］. 地理研究，2011，30（01）：23-36.

［142］李振亭，马耀峰，李创新，等. 近 20 年来中国入境旅游流流量与流质的变化分析［J］. 陕西师范大学学报（自然科学版），2012，40（01）：94-99.

［143］杨兴柱，顾朝林，王群. 南京市旅游流网络结构构建［J］. 地理学报，2007（06）：609-620.

［144］牛亚菲，谢丽波，刘春凤. 北京市旅游客流时空分布特征与调控对策［J］. 地理研究，2005（02）：283-292.

［145］徐红罡，薛丹. 旅游目的地仿生学空间关系研究——以安徽省古村落西递、宏村为例［J］. 地理科学，2011，31（12）：1518-1524.

［146］黄泰，张捷. 基于旅游流特征分析的旅游区域影响研究——以淮安市为例［J］. 旅游科学，2006（02）：18-24.

［147］郭晓东，肖星，房亮. 新休假制度对国内旅游流时空结构及旅游开发的影响分析［J］. 旅游学刊，2008（05）：38-41.

［148］席建超，赵美风，葛全胜. 全球气候变化对中国南方五省区域旅游流的可能影响评估［J］. 旅游学刊，2011，26（11）：78-83.

［149］方世巧，马耀峰，李天顺，等. 基于百度搜索的西安市 A 级景区信息与旅游流耦合分析［J］. 干旱区资源与环境，2012，26（08）：190-194.

［150］张春晖，马耀峰，吴晶，等. 供需视角下西部入境旅游流与目的地耦合协调度及其时空分异研究［J］. 经济地理，2013，33（10）：174-181.

［151］刘军胜，马耀峰. 1995 ~ 2014 年西北 5 省旅游流与区域交通的耦

合过程与格局［J］. 浙江大学学报（理学版），2017，44（05）：606-615.

［152］张海涛 . 中国国内旅游流调控研究［J］. 全国商情（理论研究），2013（02）：16-17.

［153］张健华，余建辉 . 旅游景区游客数量调控技术的研究［J］. 技术经济，2007（02）：110-114.

［154］陈健昌，保继刚 . 旅游者的行为研究及其实践意义［J］. 地理研究，1988（03）：44-51.

［155］陆林 . 山岳风景区客流研究——以安徽黄山为例［J］. 地理学报，1994（03）：236-246.

［156］张捷，都金康，周寅康，等 . 观光旅游地客流时间分布特性的比较研究——以九寨沟、黄山及福建永安桃源洞鳞隐石林国家风景名胜区为例［J］. 地理科学，1999（01）：50-55.

［157］赵红红 . 苏州旅游环境容量问题初探［J］. 城市规划，1983（03）：46-53.

［158］姚小云，周运瑜，徐飞雄 . 武陵源区旅游客流量时空变化及其特征分析研究［J］. 桂林旅游高等专科学校学报，2006（01）：72-76.

［159］颜磊，许学工，章小平 . 九寨沟世界遗产地旅游流时间特征分析［J］. 北京大学学报（自然科学版），2009，45（01）：171-177.

［160］孙根年，周瑞娜 . 骊山景区年内客流量峰林结构及成因分析［J］. 人文地理，2011，26（03）：128-134.

［161］黄乃伟，汤君，蒋鹏，等 . 长白山北坡风景区游客流量的时空分布特征及发展趋势［J］. 北华大学学报（自然科学版），2012，13（02）：212-215.

［162］冯刚，任佩瑜，戈鹏，等 . 基于管理熵与 RFID 的九寨沟游客高峰期“时空分流”导航管理模式研究［J］. 旅游科学，2010，24（02）：7-17.

［163］宋玉红 . 景区内游客时空分布特征及环境影响研究——以杭州西溪国家湿地公园为例［J］. 江苏商论，2009（06）：70-72.

［164］方世敏，赵金金 . 基于旅游流扩散的韶山景区空间结构优化研究［J］. 湘潭大学学报（哲学社会科学版），2012，36（03）：120-127.

［165］姜向阳．九寨沟自然保护区系统客流分布的分形与分维分析——以“十一”黄金周为例［J］．中南林业科技大学学报，2012，32（11）：144-148.

［166］黄潇婷．基于时间地理学的景区旅游者时空行为模式研究——以北京颐和园为例［J］．旅游学刊，2009，24（06）：82-87.

［167］李坚，王友娥，黄雄伟．风景旅游区游客流空间移动模式的实证研究［J］．系统工程，2005（11）：122-126.

［168］黄潇婷，马修军．基于 GPS 数据的旅游者活动节奏研究［J］．旅游学刊，2011，26（12）：26-29.

［169］李春明，王亚军，刘尹，等．基于地理参考照片的景区游客时空行为研究［J］．旅游学刊，2013，28（10）：30-36.

［170］周旗，卫旭东．太白山客源市场结构与游客行为模式研究［J］．人文地理，2003（05）：89-93.

［171］霍云霈，杨新军．远郊自然风景区游客行为特征研究——以太白山国家森林公园为例［J］．地域研究与开发，2008（03）：70-74.

［172］邱厌庆，戈鹏，赖力，等．九寨沟景区初态聚类分流实证研究［J］．资源科学，2010，32（10）：1987-1992.

［173］戈鹏，郑伟民，肖雄辉，等．基于九寨沟区域时空负荷均衡的仿真研究［J］．管理工程学报，2013，27（02）：99-106.

［174］肖雄辉，戈鹏，朱虹明，等．旅游高峰期景区游客引力分流调度模型研究——以九寨沟风景区为例［J］．旅游科学，2013，27（06）：39-51.

［175］姜向阳，任佩瑜．自然保护区旅游高峰期时空分流导航管理的模型构建与分析［J］．旅游科学，2012，26（04）：17-25.

［176］邱厌庆，戈鹏，任佩瑜．基于九寨沟景点负荷均衡的时空分流导航研究［J］．资源科学，2010，32（01）：118-123.

［177］王仁志，苗维亚．基于 M/M/n 排队论的大型旅游景区内部排队现象研究［J］．经济体制改革，2012（03）：177-180.

［178］朱广恩，李浩，赵志华，等．快通系统排队问题的建模与多目标优化［J］．河南师范大学学报（自然科学版），2012，40（03）：21-23.

［179］马力，程海峰，杨雷，等．基于排队论的灵山梵宫排队管理研究［J］．喀什师范学院学报，2013，34（03）：35-38.

［180］李金华，朱道立．基于 Multi-agent 的大型会展活动的游客协调控制方法［J］．系统工程学报，2010，25（04）：499-505.

［181］张琳，王建玺．基于上下文感知的智能导游系统建模研究［J］．科技通报，2012，28（04）：153-155.

［182］郑天翔．基于动态实时调度的主题公园游客时空分流导航管理研究［J］．旅游科学，2012，26（04）：8-16.

［183］Tsai C，Chung S. A personalized route recommendation service for theme parks using RFID information and tourist behavior［J］. DECISION SUPPORT SYSTEMS，2012，52（2）：514-527.

［184］黎巎，杜栓柱．景区游憩行为计算机仿真系统研究综述［J］．旅游学刊，2011，26（07）：85-94.

［185］Low B T，Cheng C H，Wong K F，et al. An expert advisory system for the tourism industry［J］. EXPERT SYSTEMS WITH APPLICATIONS，1996，11（1）：65-77.

［186］王肃，杜军平，高田．多媒体旅游智能导航系统的研究与实现［J］．中南大学学报（自然科学版），2009，40（S1）：335-340.

［187］敬铅，孔新兵．基于北斗和物联网技术的智慧旅游应用系统设计［J］．移动通信，2013，37（15）：15-18.

［188］文豪，徐铁群，万隆君．基于北斗导航的智能导游服务平台的设计［J］．电子设计工程，2013，21（05）：103-105.

［189］崔煜，张京宁．基于北斗系统的 LBS 在景区智能导游系统中的应用［J］．测绘与空间地理信息，2013，36（06）：98-101.

［190］林俊，杜军平．智能旅游行程导航系统［J］．计算机应用，2009，29（S1）：369-371.

［191］包富华，张学宝．基于 OSG 的西安市景区虚拟旅游系统设计与开发［J］．咸阳师范学院学报，2012，27（02）：68-71.

［192］杜军平，周亦鹏．基于数据的旅游管理决策支持系统研究［J］．自

动化学报，2009，35（06）：834-840.

［193］张仁军．基于 GIS 与 Multi-Agent System 的景区游客空间行为模拟系统［J］．四川师范大学学报（自然科学版），2006（04）：495-498.

［194］于萍．基于多智能体的区域旅游行为模拟系统［J］．新乡学院学报，2014，31（04）：24-27.

［195］皇苏斌，王忠群．旅游景点个性化导航及服务的研究与应用［J］．安徽工程大学学报，2011，26（03）：43-46.

［196］张文元，谈国新，孙传明．一种景区智能导游系统的设计与实现［J］．测绘地理信息，2018，43（05）：79-84.

［197］Zhang G，Ning Y，Zhang C，et al. Applying creative computing in the analysis of smart tourism research in China［J］. INTERNATIONAL JOURNAL OF PERFORMABILITY ENGINEERING，2019，15（2）：623-629.

［198］范维澄，霍红，杨列勋，等．"非常规突发事件应急管理研究"重大研究计划结题综述［J］．中国科学基金，2018，32（03）：297-305.

［199］闪淳昌．构建和谐社会中的中国应急管理［J］．行政管理改革，2010（08）：17-21.

［200］段和平，王发其．重庆"12·23"井喷特大事故处置经验与教训［J］．公安研究，2004（03）：60-63.

［201］郭世刚，张鹏，吴立志，等．突发事件应急决策方法演变研究［J］．中国公共安全（学术版），2018（03）：40-43.

［202］李仕明，刘娟娟，王博，等．基于情景的非常规突发事件应急管理研究——"2009 突发事件应急管理论坛"综述［J］．电子科技大学学报（社科版），2010，12（01）：1-3.

［203］伍建民．决策理论和方法在科技创新中的应用［J］．科学决策，2015（10）：7-16.

［204］袁晓芳．基于情景分析与 CBR 的非常规突发事件应急决策关键技术研究［D］．西安科技大学．

［205］李建伟．基于知识元的突发事件情景研究［D］．大连理工大学．

［206］王颜新．非常规突发事件情境重构模型研究［D］．哈尔滨工业大学，2011.

［207］九华山风景区管委会．九华山风景区管委会关于调整旅游高峰期客流控制和应急管理方案的通知［EB/OL］．http：//www.jiuhuashan.gov.cn/Openness_ Content/show/523641.html.

［208］姚加林，龙舜．基于元胞自动机的地铁车站行人疏散仿真［J］．铁道科学与工程学报，2019，16（11）：2897-2902.

［209］方世敏，赵金金．基于旅游流扩散的韶山景区空间结构优化研究［J］．湘潭大学学报（哲学社会科学版），2012，36（03）：120-127.

［210］刘弘．基于群体智能的人群疏散路径规划仿真研究［J］．山东师范大学学报（自然科学版），2019，34（04）：393-401.

［211］李昌宇，武倩楠．基于多智能体的地铁乘客应急疏散仿真建模［J］．太原城市职业技术学院学报，2019（09）：172-174.

［212］宋洋，陈申高，兰思洁，等．民用机场航站楼火灾人员疏散仿真研究［J］．中国安全科学学报，2018，28（08）：31-37.

［213］张学锋，荣禹铭，储岳中，等．多层实验楼的人员疏散研究与仿真［J］．重庆工商大学学报（自然科学版），2019，36（02）：67-72.

［214］杨瀚申，徐华，鞠志伟．基于Agent的三维巷道人员疏散仿真研究［J］．计算机技术与发展，2019，29（03）：132-137.

［215］李若菲，赵永翔，卢团团，等．不同楼梯布局条件下行人疏散效果仿真研究［J］．中国安全生产科学技术，2019，15（04）：160-166.

［216］丁元春，李文健，翁发禄，等．建筑出口对人员疏散影响的计算机仿真模拟及分析［J］．江西理工大学学报，2018，39（05）：79-84.

［217］刘翠娟，刘箴，柴艳杰，等．人群应急疏散中一种多智能体情绪感染仿真模型［J］．计算机辅助设计与图形学学报，2020，32（04）：660-670.

［218］张文静．基于多Agent的群体行为混合仿真模型研究［D］．首都经济贸易大学，2014.

［219］Hu X B，Wang M，Leeson M S，et al. A Deterministic Agent-Based Path Optimization Method by Mimicking the Spreading of Ripples［J］.

EVOLUTIONARY COMPUTATION，2016，2（24）：319-346.

［220］Hu X，Zhang M，Zhang Q，et al. Co-Evolutionary path optimization by Ripple-Spreading algorithm［J］. TRANSPORTATION RESEARCH PART B-METHODOLOGICAL，2017，106：411-432.

［221］Hu X，Zhang C，Zhang G，et al. Finding the k shortest paths by ripple-spreading algorithms［J］. ENGINEERING APPLICATIONS OF ARTIFICIAL INTELLIGENCE，2020，87.

［222］解晓燕，阎林霞．决策支持理论与我国油田企业决策支持研究［J］.资源与产业，2011（04）：81-87.

［223］颐和园管理处．承载量通告［EB/OL］. http：//www.summerpalace-china.com/dtxx/gydt/cd0c160dc6614cbf918d9a68198c110e.htm.

［224］崔红．北京颐和园10月3日启动满员限流措施 系史上首次［EB/OL］. https：//www.thepaper.cn/newsDetail_forward_2500331.

［225］北京青年报．颐和园瞰碧台火灾，无人员伤亡［EB/OL］. https：//baijiahao.baidu.com/s?id=1601298872180725031&wfr=spider&for=pc.

［226］陈曦．人员疏散速度模型综述［J］．安防科技，2010（03）：46-48.

［227］范维澄，刘奕，翁文国．公共安全科技的“三角形”框架与“4+1”方法学［J］.科技导报，2009（6）.

［228］温立，周书民，王延章．基于辅助决策的应急事件本体模型研究［J］.情报杂志，2010（2）：131-134.

［229］张英菊，仲秋雁，叶鑫，等．基于案例推理的应急辅助决策方法研究［J］.计算机应用研究，2009，26（4）：4.

［230］谭睿璞，张文德，陈圣群，等．异质信息环境下基于案例推理的应急决策方法［J］.控制与决策，2020，35（8）：11.

［231］王一波．基于情景的应急案例关键技术研究［D］．天津大学，2017.

［232］张磊，王延章．基于知识元的应急决策知识表示与生成方法［J］.系统工程理论与实践，2017，37（11）：11.

［233］张辉，刘奕．基于“情景—应对”的国家应急平台体系基础科学问题与集成平台［J］．系统工程理论与实践，2012，032（005）：947-953.

［234］范维澄，霍红，杨列勋，等．“非常规突发事件应急管理研究”重大研究计划结题综述［J］．中国科学基金，2018，32（3）：9.

**责任编辑**：郭海燕
**责任印制**：冯冬青
**封面设计**：中文天地

---

**图书在版编目（CIP）数据**

景区客流安全管理与应急调控 / 张公鹏著. -- 北京：中国旅游出版社，2022.4（2023.8重印）

ISBN 978-7-5032-6915-8

Ⅰ. ①景… Ⅱ. ①张… Ⅲ. ①旅游区－安全管理②旅游区－突发事件－应急对策 Ⅳ. ①F590.6

中国版本图书馆CIP数据核字（2022）第036740号

---

**书　　名**：景区客流安全管理与应急调控

---

**作　　者**：张公鹏著
**出版发行**：中国旅游出版社
（北京静安东里6号　邮编：100028）
http://www.cttp.net.cn　E-mail:cttp@mct.gov.cn
营销中心电话：010-57377103，010-57377106
读者服务部电话：010-57377107
**排　　版**：北京旅教文化传播有限公司
**经　　销**：全国各地新华书店
**印　　刷**：北京明恒达印务有限公司
**版　　次**：2022年4月第1版　2023年8月第2次印刷
**开　　本**：720毫米 ×970毫米　1/16
**印　　张**：12.75
**字　　数**：220千
**定　　价**：58.00元
**ISBN**　978-7-5032-6915-8

---